유럽에 빠지는 즐거운 유혹

History & Culture

2

축제와
문화여행

베니야마 지음
서상원 옮김

스타북스

유럽에 빠지는 즐거운 유혹 2

초판 발행 | 2006년 8월 10일
개정 5쇄 발행 | 2011년 4월 5일
지은이 | 베니야마
옮긴이 | 서상원
발행인 | 김상철
발행처 | (주)스타북스
등록 번호 | 제300-2006-00104호
주소 | 서울 특별시 종로구 종로1가 르메이에르 1516호
전화 | 02)723-1188   팩스 | 02)735-5501
이메일 | starbooks22@naver.com
값 | 12,000원

성서 속에서 찾아보는 유럽의 정신문화

1권을 읽은 독자들은 눈치 챘을 테지만 《유럽에 빠지는 즐거운 유혹》은 순서에 상관없이 마음에 드는 부분을 골라 읽어도 무방한 책이다. 전혀 다른 분야의 이야기들이 유럽이라는 이름으로 묶여 있기 때문이다.

2권에서는 성서에 관한 이야기를 시작으로 유럽 여행이 시작된다. 책 속에 언급했지만 대부분의 사람들은 성서에 관해 큰 오해를 하고 있다. 성서는 기독교나 가톨릭교 신자들만의 전유물이라고 생각한다는 것이다. 성서는 따분한 대목을 피하고 읽으면 뜻밖에 재미있는 이야기들이 속속 튀어나온다. 기독교에 대한 지식이 있는 사람이라면 유럽의 여행은 한결 더 흥미있는 것이 된다. 기독교적인 영감에 찬 회화와 조각, 장엄한 대성당이나 스테인드글라스 같은 것들 앞에 서면 그런 생각은 훨씬 더 절실해 질 것이다.

필자는 성서에 대한 오해를 풀지 못하는 사람들에게 속는 셈치고 성서를 읽어보기를 설득하고 있다. 기독교가 유럽 정신문화의 기반이라는 것을 안다면 성서 읽기는 딱딱하고 의무적인 독서가 아닌 즐거움을 찾는 독서로 바뀔 것이다.

특히 구약성서는 열성적인 기독교 신자라도 처음부터 끝까지 다 읽어낸 사람은 그리 많지 않다. 구약성서를 읽기로 마음먹었다면 우선 첫머리의 창세기와 출애굽기 24장까지 읽어보는 것이 좋을 것이다. 이 부분은 이야기의 성격이 짙어 비교적 즐겁게 읽히기 때문이다. 천지창조부터 아담과 이브의 에덴동산, 대홍수와 노아의 방주, 바벨탑, 요셉과 형제들의 이야기, 애굽의 탈출, 모세의 십계 등 비신자들이라도 대부분 알고 있는 이야기들이 펼쳐진다.

흥미 있는 이야기들 뿐 아니라 성서에는 자연의 아름다움과 삶의 기쁨을 찬양한 시도 수록되어 있으며 이것은 역사적, 문학적으로도 뛰어난 작품으로 평가되기도 한다. 이런 성서읽기를 거친 후라면 미켈란젤로의 '아담의 창조', '낙원 추방', 브뤼겔의 '바벨탑' 등의 유명한 작품들은 마음속에 깊은 울림을 안겨줄 것이다.

조형 미술과 문학에 수없이 등장하는 테마들

신약성서는 27편의 서(書)로 되어 있으며 넷으로 분류할 수 있다. 첫째, 복음서라고 부르는 부분이다. 마태복음, 마가복음, 누가복음, 요한복음의 네 가지 복음서로 구성되어 있으며, 둘째는 사도 언행록이라 하여 예수의 제자들, 특히 베드로와 바울의 선교활동을 기록하고 있다. 셋째는 사도들이 각지의 교회와 신자들에게 보낸 편지의 집성이며 넷째는 요한 계시록이다. 이 요한 계시록은 박해가 심했던 시대에 위정자의 눈을 피하기 위해 신자가 아니면 알 수 없는 수수께끼 같은 표현을 구사하여 쓰였으며 일종의 종교문학이라고도 한다.

성서에 나온 이야기들은 예술가의 손에서 작품으로 탄생되어 지금까지 세계적으로 사랑받고 있다. 천사가 나타나 마리아가 처녀의 몸으로 하느님의 아들을 잉태한 것을 알리는 이야기는 시모네 마르티니의 '수태고지'로 탄생되어 그의 최고 걸작으로 알려진다. 흰 백합을 손에 들고 있는 천사의 그림으로 유명한 레오나르도 다 빈치의 '수태고지'도 그의 젊은 날의 대표작이며, 이밖에도 수태고지의 테마는 수많은 명화를 낳았다.

누가복음에 나오는 간단한 이야기의 이미지를 차츰 부풀린 화가들이 어느 사이에 이런 정형을 만들어 낸 것이다. 성서에 쓰여 있는 것이 사실이라면 실상은 아마 이랬을 것이라는 가정 아래 시대 고증에 입각하여 모든 것을 리얼하게 묘사함으로써 보는 사람에게 깊은 감명을 주었다.

사람과 술의 만남을 상상하다

유럽의 자연과 음식물 편에서는 이렇듯 우리와 크게 다르지 않은 생활과 고민을 담고 있어 친근함마저 느낄 수 있다. 보기에 아름답고 여유로워 보이는 유럽의 농촌도 실은 우리의 농촌과 비슷한 고민을 안고 있다. 유럽 농가의 첫째 고민은 자식들이 농업을 물려받고 싶어 하지 않는다는 것이다. 도시에 나가서 일하는 편이 훨씬 편하고 수입도 더 많으며, 필요할 때 필요한 만큼 길게 휴가를 가질 수도 있다는 것이다. 하지만 요즘은 젊은 층의 귀농이 이슈화되고 있어 농촌의 앞날이 그리 어둡지만은 않다는 전망도 제기되고 있다.

인간은 언제, 어떻게 술을 알았고, 왜 그것을 만들 수밖에 없었을까에 관한 이야기는 2권에서 손꼽을만한 흥밋거리임에 틀림없다. 효모는 인간에 기쁨을 준 미생물이라고 해도 과언이 아닐 정도이니 말이다.

사람과 술의 만남을 상상해보는 이야기는 무척 재미있다. 인류가 아직도 수렵 채취의 단계에 있었을 무렵의 일이다. 어떤 사람이 우연히 많은 야생의 포도를 발견했다. 그 자리에서 배불리 먹었으나 여전히 많이 남아 동굴 속의 오목한 바위 같은 곳에 담아 두었다. 그러고는 까맣게 잊고 있다가 한참이나 지나서 다시 가 보았더니 향긋한 냄새가 풍기지 않겠는가. 향기의 근원은 그 포도였다. 그것은 이미 물컹하게 짜부라져 있었지만 그 국물을

손으로 떠 먹어보니 여간 맛있는 것이 아니었다. 그렇게 먹다보니 어느새 기분이 좋아졌고 취하게 되었던 것. 대략 이런 경위로 인간은 술 빚는 법을 발견하지 않은가 하고 학자들은 생각하고 있다. 무척 재미있는 상상이 아닐 수 없다.

《유럽에 빠지는 즐거운 유혹》2권에 들어가기에 앞서 내용을 이렇게 간략히 소개하였다. 이 신선하고 재미있는 책으로 인해 지금까지 우리가 소유하고 있던 유럽 여행 안내서는 머지않아 쓸데없는 고(古)지도쯤으로 치부되지 않을까 염려스러운 마음도 적지 않다.

자연과 음식물

문화와 생활의 이모저모

기독교와 축제일

흥미진진한 성서 속으로

따분한 대목을 피하고 읽으면 뜻밖에 재미있는 이야기들이 속속 튀어나온다

왜 비신자는 기독교에 대해 무지한가?

"기독교에 대한 지식이 있으면, 유럽 여행은 한결 더 흥미 있는 일이 될 텐데."라는 한탄의 소리를 자주 듣는다. 기독교적인 영감에 찬 회화와 조각, 장엄한 대성당이나 스테인드글라스 같은 것들 앞에 서면 그런 생각이 훨씬 더 절실해진다. 그런데 세간에는 신자가 아닌 사람도 잘 알 수 있도록 씌어진 기독교에 관한 책이 별로 많지 않다.

신자의 입장에서 기독교 전반에 대해 쓴 책은 많이 있다. 그러나 그 책들은 '신자가 아닌 사람'이 읽으면, 마치 모래를 씹는 것 같아 도저히 다 읽어내지 못하는 것이 보통이다.

그렇다면 유럽의 여행지에서 구경거리들에 대한 이해를 깊게 할 목적으로 기독교의 전반적인 지식을 얻으려면 어떻게 하면 좋을까? 내 나름대로 그 대답을 끌어내 보겠다는 '당치 않은 생각'에서 쓰기 시작한 것이 실은 이 책이다.

속는 셈 치고 읽어 보면 어떨까?

기독교는 유럽 정신문화의 기반이라는 말이 있다. 확실히 그럴 테지만 너무 정면으로 덤비려고 하다 보면, 오히려 귀찮아져서 아무것도 하지 않게 될는지도 모른다. 우선 가벼운 마음으로 들어갈 수 있는 곳에서 시작해 보는 것이 어떨까? 그런 뜻에서 필자가 권해 드리고 싶은 것은 성서의 제일 긴요한 부분, 특히 이야기로서 재미있는 부분부터 약간 시험 삼아 읽어 보라는 것이다. 성서라고 하면 지레 싫어해서 읽어 보려고도 하지 않는 사람이 많은데, 실은 상당히 재미있는 부분도 있다.

두말할 것도 없이 성서는 기독교의 근본 성전이며, 구약과 신약으로 되어 있다. 구약이란 예수 그리스도가 출현하기 전에 하느님과 인간과의 사이에 맺어진 '오랜 약속, 오랜 계약'이라는 뜻이다. 신약은 예수 그리스도를 중개인으로 하여 하느님과 인간 사이에 맺어진 '새로운 약속, 새로운 계약'이라는 뜻이다.

구약성서는 원래 유대인의 성전이다. 유대인은 예수를 하느님의 아들로 인정하지 않고 신약성서도 인정하지 않는다. 따라서 유대인에게 있어서 성서라고 하면 구약성서를 뜻한다.

기독교는 독자적인 발전을 이룩하여 별개의 종교로 자란 것이라 하더라도 유대교의 테두리 안에서 태어났기 때문에 기독교와 유대교 사이에 성서가 겹치고 있는 것은 당연한 일이다. 다만 현재는 유대교의 성서와 기독교의 구약성서 사이에는 그 편성과 내용에 상당한 차이가 있다.

문학적 가치를 지닌 구약성서

낮잠의 베개 대용으로 알맞은 것이지만, 마음먹고 읽어 보려면 긴요한 부분부터

세간에서는 경시되고 있는 구약성서

구약성서는 창세기부터 말라기서에 이르기까지 39편의 '서(書)'로 구성되어 있다. 신공동역에서는 여기에 다시 속편으로 13편의 '서'가 추가되었다. 각 서는 하나의 독립된 책이라고 해도 무방하다.

전체 페이지 수는 정전(正典)만도 1,700여 페이지, 속편을 합치면 2,200여 페이지나 된다. 잔글자를 2단으로 짠 것이라 보통의 조판으로 고친다면 대략 3,000여 페이지는 넘을 것이다.

열성적인 기독교 신자라도 구약성서를 처음부터 끝까지 다 읽은 사람은 별로 많지 않다. 첫째는 성서라고 하면 오직 신약성서를 가리키며, 구약성서는 경시되고 있기 때문이고, 둘째는 구약성서가 너무 분량이 많아서 읽는 도중에 따분해지기 짝이 없는 대목이 많기 때문이다. 신앙이라는 입장에서는 구약성서 가운데 욥기, 시편(詩篇), 이사야서 등이 비교적 많이 읽혀지고 있다.

긴요한 부분만 읽는다면

유럽에서는 옛날부터 그림, 조각, 스테인드글라스 등의 테마로 구약성서

유럽에 빠지는 즐거운 유혹②

에 나오는 이야기가 매우 많이 다루어지고 있다. 구약성서의 긴요한 부분만이라도 머리에 들어 있지 않고는 그것에 관한 설명을 들어 봐도 뭐가 뭔지 알지 못한다.

그런 관점에서 구약성서를 읽어 보겠다면, 우선 첫머리의 창세기(創世記)와 그 다음 출애굽기의 전반 24장까지 읽어보라고 권하고 싶다.

이 부분은 이야기의 성격이 짙어 비교적 즐겁게 읽을 수 있다. 유명한 천지창조에서 시작하여 아담과 이브의 창조, 에덴동산, 뱀의 유혹, 낙원 추방, 대홍수와 노아의 방주, 바벨탑, 요셉과 형제들의 이야기, 애굽의 탈출, 모세가 시나이 산중에서 십계(十戒)를 수여받는 대목 등이 잇달아 나온다.

역사, 사상, 문학으로서도 흥미진진

구약성서를 역사로서 읽어 보겠다면 사울, 다윗, 솔로몬 등이 등장하는 사무엘기 상·하, 열왕기 상·하 등이 가장 박력 있고 재미있다.

구약성서 중에서 이채를 띠는 것은 전도서와 아가(雅歌)이다. 전도서는 이렇게 시작된다.

헛되고 헛되다.
세상만사 헛되다.
사람이 하늘 아래서 아무리 수고한들
무슨 보람이 있으랴! (중략)
세상만사 속절없이
무엇이라 말할 길 없구나.
아무리 보아도 보고 싶은 대로 보는 수가 없고,
아무리 들어도 듣고 싶은 대로 듣는 수가 없다.
지금 있는 것은 언젠가 있었던 것이요,
지금 생긴 일은 언젠가 있었던 일이라.

하늘 아래 새 것이 있을 리 없다. (중략)

어떻게 사는 것이 지혜로운 일인지,

어떻게 사는 것이 어리석고 얼빠진 일인지

알아보려고 무척 애를 써 보았지만,

그것 또한 바람을 잡는 것 같은 일이었다.

어차피 지혜가 많으면 괴로운 일도 많고,

아는 것도 많으면 걱정도 많아지는 법이다.

그래서 향락에 몸을 담가

행복이 무엇인지 알아보았더니,

그것 또한 헛된 일이었다. (후략)

공동번역에서는 첫 부분이 '헛되고 헛된 것, 헛되고 헛되도다. 모든 것이 헛되도다……' 로 되어 있어 불교에서 말하는 일체시공(一切是空)의 사상이 상기되곤 한다.

자연의 아름다움과 삶의 기쁨을 찬양한 시도

아가에는 많은 아름다운 시가 수록되어 있다.

사랑하는 이의 소리,

산 너머 언덕 너머

노루같이, 날랜 사슴같이

껑충껑충 뛰어오는 소리.

담 밖에 서서 창틈으로 기웃거리며

살창 틈으로 훔쳐보며

나의 임이 속삭이는 소리.

"나의 귀여운 이여, 어서 일어나오.

나의 어여쁜 이여, 이리 나와요.

자, 겨울은 지나가고, 장마는 활짝 걷혔소.

산과 들엔 꽃이 피고, 나무는 접붙이는 때,

비둘기 꾸르륵 우는 우리 세상이 되었소.

파란 무화과 열리고 포도꽃 향기가 풍기는 철이오.

나의 귀여운 이여, 어서 나와요.

나의 어여쁜 이여, 이리 나와요." (중략)

임은 나의 것,

나는 임의 것.

임은 나리꽃밭에서 양을 치시네.

유대인이 전해 온 전승의 집대성

이와 같이 보면 구약성서가 의외로 다채로운 면을 가졌다는 것을 알 수 있다. 종교 냄새가 너무 진한 책이라고 아예 읽어 보지도 않고 밀쳐 버리기에는 아까운 책이다.

구약성서는 유대인들에게 전해 내려 온 신화, 전설, 역사, 종교 의식의 관행, 신앙 조항, 계율, 종교 문학 등의 집대성이다. 그 가장 오랜 원천은 유대인보다 더 오래 된 수메르인의 전승으로까지 거슬러 올라간다는 것이 지금 입증되고 있다. 수메르인이 남긴 길가메시의 서사시 속에서 대 홍수와 노아의 방주에 관한 이야기의 원형이 발견되었기 때문이다. 이 발견의 계기가 된 점토판이 대영박물관의 56호실에 전시되어 있다.

이와 같이 다른 선진 민족에게서 빌려 온 이야기를 포함해서 유대인의 여러 부족들 사이에 이야기로 전해져 내려온 전승을 종합하여 전후 약 1천 년에 걸쳐서 서서히 하나의 책으로 읽은 것이 구약성서이다.

다음에는 옛날부터 흔히 여러 가지로 다루어진 구약성서의 유명한 장면을 조금 훑어보기로 한다.

에덴동산에서 생긴 일

천지 창조, 아담과 이브, 뱀의 유혹과 낙원 추방, 대홍수와 노아의 방주, 바벨탑과
신에 대한 도전

장중하지만 박력이 결핍된 P문서

구약성서의 유명한 장면이라고 하면 우선 먼저 창세기 첫머리에 나오는
천지 창조의 이야기이다. 그런데 창세기를 잘 읽어보면, 같은 천지 창조의
테마로 내용이 다른 이야기가 두 번 나오는 것을 알게 된다.

처음 이야기는 제1장에서 제2장 4절까지인데, 매우 장중하지만 구체성
이 없고 별로 박력도 없다. 성서학자들은 이 부분이 구약의 첫머리에 놓여
있기는 하지만 성립 연대를 기원전 500년경으로 보고 있다.

학자들은 구약의 여러 부분의 문체와 사용 어구 등을 상세히 조사한 결
과, 이것은 P문서에 속한다고 판정했다.

P문서란 기원전 500년경 사제들이 쓴 것이다. P는 사제(Priest)의 머리글
자이다. 구약성서는 약 1천 년 동안에 몇 번이나 첨가되고, 다시 쓰고 재편집
되고 했기 때문에, 그 자료의 일부가 된 P문서도 이 창세기에 부분적으로 첨
가되었을 뿐만이 아니라 구약성서의 여러 부분에 짜여져 들어간 것이다.

시대도 필자도 다른 자료를 섞어서 하나로

그런데 그 다음을 읽으면 천지 창조의 이야기가 이번에는 상태가 완전히 달라져서 마치 비디오라도 보고 있는 것같이 사실적으로 생생하게 전개된다. 장중한 맛은 없으나 소박하고 친밀감을 느끼게 한다.

어떤 성서학자는 이쪽이 시대적으로 더 오래 되었으며 기원전 850년경에 성립된 J문서에 속한다고 생각하고 있다. J문서는 유대 왕국에서 만들어진 것으로 신을 여호와(Jehovah, 야훼)라 부르고 있기 때문에, 그 머리글자를 따서 J문서라 이름 지어진 것이다.

구약성서는 복수의 자료를 섞어서 하나로 만든 것이므로, 같은 일에 대해 내용이 다른 복수의 기술(記述)이 겹쳐서 나오는 일이 흔하다.

■ 천지창조
시스티나 예배당의 천장화.
(미켈란젤로, 1475~1564)

사실적이고 인간미 있는 J문서

천지 창조에 대해서 말한다면, 옛날부터 화가들이 테마로 삼은 것은 주로 소박하고 사실적인 제2장J문서이다.

이를테면 남녀를 창조하는 대목만 하더라도 제1장P문서 쪽은 '하느님께서는…… 당신의 모습대로 사람을 지어내셨다. 하느님의 모습대로 사람을 지어 내시되, 남자와 여자로 지어 내시고'로 표현하여 무미건조하다.

이에 대해서 제2장J문서에서는 신이 진흙을 빚어 사람남자을 만들고, '그 코에 입김을 불어 넣어' 흙덩어리로 '산 자'를 만드는 광경이 구체적으로 적혀 있다. 고금동서를 막론하고 숨입김은 생명의 표시로 생각되어 왔다. '숨을 다시 쉬다', '숨이 끊어지다' 등과 같이 말하지 않는가. 여자의 창조에 대해서는 묘사가 더욱 상세하다. "하느님께서는 '아담이 혼자 있는 것이 좋지 않으니, 그의 일을 거들 짝을 만들어 주리라.' 하시고…… 아담을 깊이 잠들게 하신 다음, 아담의 갈빗대를 하나 뽑고, 그 자리를 살로 메우시고는 그 갈빗대로 여자를 만드신 다음, 아담에게 데려 오셨다."

이것을 읽으면, 하느님이 상냥하게 웃으면서 갓 만든 여자의 손을 잡고 놀라 기뻐하고 있는 남자에게 데려다 주는 광경이 눈에 보이는 것 같지 않은가. P문서가 무미건조한 것과 이 문서 내용은 얼마나 큰 차이인가. 아울러 말하면, 유럽에서는

■ **아담** (앨버트 뒤러, 1507)

유럽에 빠지는 즐거운 유혹②

'남자'를 의미하는 말은 동시에 '사람' 일반의 뜻
도 된다. 영어의 맨, 독일어의 만, 프랑스어의 옴,
이탈리아어의 워모 등이 모두 그렇다.

유명한 시스티나 예배당의 천장에는 미켈란젤로
가 그린 웅장한 구약 이야기의 프레스코화가 있다.
중앙에 가지런히 있는 아홉 개의 장방형 구획 가운
데 '최후의 심판'의 벽화가 있는 쪽에서 네 번째가
'아담의 창조', 다섯 번째가 '이브의 창조'이다.

'아담의 창조'에서는 생명의 숨이 불어 넣어진
굳건한 청년에 대해서 장년의 모습으로 표현된 하
느님이 손을 뻗어 축복을 해주려 하고 있다.

■ **이브** (앨버트 뒤러, 1507)

이와 같이 하느님을 전신상으로 그리게 된 것은
르네상스 시대 이후의 일이며, 그때까지는 하느님
을 전신상으로 그리는 것은 너무 무엄한 것이라 하
여 그저 오른손 끝만 그려서 하느님의 축복의 상징
으로 삼는 것이 습관이었다.

'이브의 창조'에서는 이브가 생명을 얻어 하느
님을 향해 일어나려 하고 있는데, 아담은 아직도
깊은 잠에 빠져 있다. 앞에 적은 것처럼 성서에는
"하느님께서 아담을 깊이 잠들게 하신 다음…… 아
담의 갈빗대를 하나 뽑고……"로 되어 있다. 현대
식으로 말한다면, 전신 마취를 시킨 다음 갈빗대의
일부를 적출한 것이다. 그리고 아담은 아직도 마취
에서 깨어나지 못하여 깊이 잠들어 있는 셈이다.
이런 데에서도 J문서가 갖는 리얼한 맛이 잘 표현
되어 있다.

이브는 왜 금단의 나무 열매를 먹었는가?

에덴의 동산과 뱀의 유혹의 대목은 성서의 원문에는 대략 다음과 같이 되어 있다.

"여호와 하느님께서는 동쪽에 있는 에덴이라는 곳에 동산을 마련하시고…… 보기 좋고 맛있는 열매를 맺는 온갖 나무를 그 땅에서 돋아나게 하셨다. 또 그 동산 한가운데는 생명나무와 선과 악을 알게 하는 나

■ **낙원 추방**
(미켈란젤로)
시스티나 예배당
천장화.

유럽에 빠지는 즐거운 유혹②

무도 돌아나게 하셨다.…… 아담을 데려다가 에덴에 있는 이 동산을 돌보게 하시며, 이렇게 이르셨다.

'이 동산에 있는 나무 열매는 무엇이든지 마음대로 따 먹어라. 그러나 선과 악을 알게 하는 나무 열매만은 따 먹지 말아라. 그것을 따 먹는 날, 너는 반드시 죽는다.' (중략) 여호와 하느님께서 만드신 들짐승 가운데 제일 간교한 것이 뱀이었다. 그 뱀이 여자에게 물었다.

'하느님이 너희더러 이 동산에 있는 나무 열매는 한 개도 따 먹지 말라고 하셨다는데, 그것이 정말이냐?' 여자가 뱀에게 대답하였다.

'아니다. 하느님께서는 이 동산에 있는 나무 열매는 무엇이든지 마음대로 따 먹되, 죽지 않으려거든 이 동산 한가운데에 있는 나무 열매만은 따 먹지도 말고 만지지도 말라고 하셨다.'

뱀은 이 여자를 꾀었다.

'절대로 죽지 않는다. 그 나무 열매를 따 먹기만 하면, 너희 눈이 밝아져서 하느님처럼 선과 악을 알게 될 줄을 하느님이 아시고 그렇게 말하신 것이다.'

여자가 그 나무를 쳐다보니 과연 먹음직스럽고 보기에 탐스러울 뿐더러 사람을 영리하게 해 줄 것 같아서 그 열매를 따 먹고 같이 사는 남편에게도 따 주었다. 남편도 받아먹었다.

그러나 두 사람은 눈이 밝아져 자기들이 알몸인 것을 알고 무화과 나뭇잎을 엮어 앞을 가렸다."

남자는 왜 죽을 때까지 일해야 하는가?

이어 낙원 추방의 대목이 있다.

"날이 저물어 선들바람이 불 때, 여호와 하느님께서 동산을 거니시는 소리를 듣고, 아담과 그의 아내는 여호와 하느님 눈에 띄지 않게 동산 나무 사이에 숨었다. 여호와 하느님께서 아담을 부르셨다.

'너 어디 있느냐?' 아담이 대답하였다.

'당신께서 동산을 거니시는 소리를 듣고, 알몸을 드러내기가 두려워 숨었습니다.' '네가 알몸이라고 누가 일러 주더냐? 내가 따 먹지 말라고 일러 준 나무 열매를 네가 따 먹었구나!' (후략)

(여호와 하느님은) 여자에게는 이렇게 말씀하셨다.

"너는 아기를 낳을 때 몹시 고생하리라. 고생하지 않고는 아기를 낳지 못하리라. 남편을 마음대로 주무르고 싶겠지만, 도리어 남편의 손아귀에 들리라." 그리고 아담에게는 이렇게 말씀하셨다.

"(전략) 너는 죽도록 고생해야 먹고 살리라. 들에서 나는 곡식을 먹어야 할 터인데, 땅은 가시덤불과 엉겅퀴를 내리라. 너는 흙에서 난 몸이니 흙으로 돌아가기까지 이마에 땀을 흘려야 낟알을 얻어먹으리라. 너는 먼지이니 먼지로 돌아가리라."

여호와 하느님께서는, '이제 이 사람이 우리들처럼 선과 악을 알게 되었으니, 손을 내밀어 생명나무 열매까지 따먹고 끝없이 살게 되어서는 안 되겠다.'고 생각하시고 에덴동산에서 내쫓으셨다. (후략)"

뱀의 유혹에서 낙원 추방에 이어지는 대목은 마치 한 편의 동화를 읽는 것 같지 않은가. '이 사람이 우리들처럼……'의 우리들이란 여러 신들이라는 뜻이다. 먼 옛날의 유대인은 엄밀한 뜻으로의 일신교도(一神敎徒)가 아니었으며, 복수의 신들의 존재를 인정하고 있었다는 것이 이런 데서도 슬쩍 고개를 내밀고 있다.

고고학적으로 입증된 '대홍수'

시스티나 예배당의 천장화에서는 '최후의 심판'의 벽화가 있는 쪽에서 여섯 번째의 구획이 '뱀의 유혹과 낙원 추방', 하나 건너서 여덟 번째 구획이 '대홍수와 노아의 방주'이다. 대홍수를 겪고 있는 사람들도 잘 그려져 있으나 쌍안경으로 보지 않으면 잘 알 수가 없다.

이 이야기는 창세기의 제6, 7, 8장에 나온다. 지상에는 사악한 자들이 난무했으므로 하느님은 대홍수를 일으켜 모든 것을 깨끗이 멸망시켜 버릴 결심을 한다. 다만 마음이 올바른 노아에게만은 3층으로 된 거대한 방주를 만들게 하여 노아와 그 아내, 노아의 자식들과 그 아내들, 모든 동물암수 한 쌍씩을 실으라고 분부한다.

이 이야기의 원형이 수메르에 기원을 둔 길가메시 서사시에 있다는 것은 앞에서 말한 바 있지만, 고대 메소포타미아의 도시가 자주 대홍수를 겪었다는 것은 발굴의 결과 확인되었다. 텔 또는 테페라고 부르는 나직한 언덕처럼 되어 있는 도시 유적을 파 내려가면, 두꺼운 점토층이 나오고 다시 그 밑에 주거 자리가 발견되는 경우가 많다. 이 두꺼운 점토층은 부락이 대홍수로 수몰되었고, 더욱이 물이 좀처럼 빠지지 않았다는 것을 나타내는 것이다. 실제로 있었던 무서운 대홍수의 추억이 길가메시 서사시에 다루어져서 구약성서에까지 전해진 것이다.

■ 노아의 방주

하느님을 당황시킨 바벨탑

다음에 나오는 유명한 이야기는 '바벨탑'에 관한 것이다. 창세기 제11장에 있으며 J문서에 속한다.

■ 바벨탑
(브뤼겔, 1525~1569)
빈 예술사 박물관.

한번은 인간이 오만 불손해져서 '하늘에 닿는 탑이 있는 도시'를 건설하기 시작했다. 하느님은 '이것은 내버려둘 수 없다'고 판단하고 작업을 중단시키기 위해 서로 말이 통하지 않게 만들어버렸다. 거대한 탑의 주위에 모여 있던 사람들끼리 서로 의사가 소통하지 않게 되자 공사는 허사로 되고 말았다. 그 후부터 인간은 민족이 다르면 말이 통하지 않게 되었고 서로 싸움질만 하게 되었다는 이야기이다.

바빌론에 실제로 있었던 매우 높은 지그라트가 이 이야기의 바탕이 된 것으로 생각되고 있다. 지그라트란 수메르 시대 전부터 메소포타미아의 각지에 있었던 높은 탑으로 사각형의 단을 쌓아 올린 모양을 하고 있었으며, 하늘에서 신이 내려오는 곳으로 여겨졌다.

유럽에 빠지는 즐거운 유혹②

지금도 메소포타미아 각지에 유적이 남아 있다.

그 중에서도 별나게 컸던 것이 바빌론의 지그라트였다. 어떤 학자는 고대 점토판의 글과 현존하는 기초의 유적으로 그 높이를 약 90미터로 추정하고 있다. 대략 22층 빌딩에 해당하는 높이이다. 점토를 굳혀서 지은 나직한 집만 늘어서 있던 유프라테스 강가의 바빌론에서는 이 지그라트는 기이하게 높아 마치 하늘에라도 닿을 듯한 느낌을 주었을 것이 틀림없다. 신 바빌로니아 왕국 시대에 포로로 바빌로니아에 끌려간 유대인들은 거기서 신에 대한 인간의 불손함을 보았을 것이다.

그림에서는 왜 나선형 탑이 되었는가?

유럽 각지의 박물관에는 나선형을 한 '바벨탑' 의 그림이 흔히 있다. 이 모델이 된 것은 이라크의 사마라에 현존하는 나선형 미나레트이다. 이것은 비교적 새것으로 9세기의 아바스조 시대에 건설되었다. 재료는 진흙을 말려서 굳힌 벽돌이며, 계단이라든가 그 밖에 파손되기 쉬운 곳에만 불로 구운 벽돌을 사용하고 있다.

12세기경부터 이라크를 방문하기 시작한 유럽인은 이 진기한 모양의 흙탑이 하늘로 치솟아 있는 것을 보고, 이것이 바로 구약성서에 나오는 바벨탑이 아닐까 하고 생각하곤 하였다. 그리고 그것을 여행의 기행담으로 삼은 예가 많이 있었다.

유럽에서는 여러 화가들이 나선형 '바벨의 탑' 을 그리고 있는데, 빈의 예술사 박물관에 있는 브뤼겔의 작품은 특히 유명하다.

■ 이라크의 사마라에 있는
　나선형 미나레트

창세기는 족장시대?

아브라함과 이삭, 요셉의 형제들, 모세와 애굽 탈출, 십계명 이야기

아브라함에서 시작되는 족장시대

같은 창세기라도 제11장의 '바벨탑'까지는 다분히 동화 같지만, 그 뒤는 역사적 사실에 입각한 듯한 이야기로 되어 있다. 먼저 제12장부터는 유대인의 선조라는 아브라함, 이삭, 야곱, 요셉 등에 관한 이야기인데 어떤 학자는 이것을 족장(族長) 이야기라고 부른다.

그 무렵 유대인의 선조는 아직 유목(遊牧)의 단계에 있었고 여러 부족으로 갈라져 있었으며, 저마다 족장이 각 부족을 거느리고 있었다. 이를테면 야곱에게는 요셉을 포함하여 12명의 아들이 있었다고 하며, 그들의 언행이 여러 가지로 성서에 기록되어 있다. 그러나 이것은 실제로는 '12인의 개인'이 아니라 '12개의 부족'에 관한 것이 전설화된 것으로 추측되고 있다. 또 아브라함은 175세까지 살았다고 적혀 있는데, 이것도 몇 대에 걸친 복수의 족장들 시대에 일어난 일이 아브라함 한 사람의 사적(事績)으로 전설화된 결과일 것으로 생각하는 경우가 많다. 따라서 아브라함이라는 특정의 개인이 역사적으로 실재했다고 생각하기는 어렵다.

아브라함은 자기 아들을 희생하려고 한다

한번은 하느님이 아브라함의 신앙을 시험하기 위해서 말했다. "너의 사랑하는 외아들을…… 번제물로 나에게 바쳐라." 번제물이란 양 따위의 가축을 죽여 제단에서 구워 신에게 바치는 일이다.

아브라함은 서둘러 이삭에게 장작을 지워서 칼을 들고 하느님이 지정한 장소로 갔다. 아무것도 모르는 이삭이 물었다. "아버지, 번제물로 드릴 어린 양은 어디 있습니까?" 아브라함은 "하느님께서 손수 마련하신단다." 하고 대답하였다.

현장에 도착한 아브라함은 제단을 쌓고 이삭을 묶어 그 위에 올려놓았다. 그가 막 아들을 찌르려고 했을 때, 하늘에서 큰 소리가 들렸다. "나는 네가 얼마나 나를 공경하는지 알았다. 너는 하나밖에 없는 아들마저도 서슴지 않고 나에게 바쳤다."

■ 아브라함과 이삭
(렘브란트, 1635년)

아브라함이 눈을 들어 보니, 뿔이 덤불에 걸린 숫양 한 마리가 눈에 띄었다. 그는 그 숫양을 아들 대신 번제물로 바쳤다(창세기 제22장).

이야기는 "하느님은 인류를 구하기 위해 독생자 예수를 희생하셨다."는 신약성서의 테마와 상통하는 이미지 때문에, 옛날부터 매우 많은 기독교 미술의 테마로 다루어져 왔다.

이야기의 배후에 숨은 사실(史實)과 전승

이 이야기는 E문서에 속해 있다. 북쪽의 이스라엘 왕국에서는 신을 엘로힘(Elohim)이라고 불렀다. 그래서 구약성서의 원자료 가운데 북쪽의 이스라엘 왕국에 기원을 가진 것을 E문서라고 부르게 되었다.

이스라엘 왕국 옆에 있던 페니키아에는 실제로 장남을 번제물로 신에게 바치는 습관이 있었다. 그 풍습이 이스라엘 왕국에도 전해져 유행했으므로, 어떤 학자는 그것을 못하게 하기 위해 '아브라함과 이삭과 숫양'의 이야기가 창작되었다고 추측하고 있다.

대영박물관의 54호실에는 수메르의 '우르의 왕릉'에서 발굴된 '뿔이 덤불에 걸린 산양'의 상이 있다실제로는 테이블의 다리의 구실을 하고 있었던 것 같다. 이 상의 배경에 그 어떤 사연이 있어서 그것이 앞에 나온 구약성서의 이야기에 힌트를 준 것이라는 설도 있다.

기구한 운명에 희롱되는 요셉

요셉에 관한 이야기는 창세기의 제37장부터 제50장에 걸쳐 있으며, 창세기 중에서는 가장 길고 내용도 잘 구성되어 있으며 흥미진진하다.

요셉은 야곱의 열한 번째 아들로 이미 늙은 아버지의 각별한 사랑을 받고 있었다. 배다른 형들은 이를 시기하여 요셉을 황야의 깊은 구덩이에 던져 넣었다. 간신히 살아난 요셉은 결국 행상인에게 노예로 팔려갔다.

행상인은 요셉을 이집트로 데리고 가서 파라오의 경호대장인 보디발에게 팔아 넘겼다. 이후, 구약성서에는 파라오, 즉 이집트 왕이 자주 등장하고 있다. 요셉은 집안 노예로 팔려온 것인데, 차츰 주인의 신임을 얻어 모든 일을 떠맡게 되었다.

그러나 "요셉은 아주 깨끗하고 잘생긴 사나이여서, 주인의 아내가 눈짓

■ 요셉과 보디발의
아내

을 하며 자기 침실로 가자고 꾀는 것이었다.…… 그는
날이면 날마다 요셉에게 수작을 걸어 왔다. 요셉은 말
을 듣지 않고, 그와 함께 침실에 들지도 않았다.”

어느 날, 그녀는 요셉의 옷을 붙들고 마구 침실로
끌어들이려고 했다. 요셉은 옷을 그녀의 손에 남겨 놓
은 채 밖으로 뛰쳐나갔다. 사랑이 심한 미움으로 변한
그녀는 큰소리로 다른 사람들을 불러 요셉이 자기한
테 못된 짓을 하려고 했다고 떠들어댔다. 보디발은 아
내의 말을 곧이듣고 격노하여 그를 붙잡아 왕의 죄수
를 가두는 감옥에 쳐 넣었다.

파라오의 신임을 얻어 식량비축정책을 실행

요셉은 옥중에서 파라오에게 술잔을 드리는 시종장과 빵을 구워 올리는 시종장을 사귀게 되었고 그들의 꿈을 해몽해 주었다. 그리하여 요셉이 예언한 대로 술잔을 드리는 시종장은 혐의가 풀려서 원 직책으로 되돌아가고, 빵을 구워 올리는 시종장은 나무에 매달려 새들이 살을 쪼아 먹는 신세가 되었다.

2년 후 파라오는 이상한 꿈을 꾸었는데 아무리 해도 그 수수께끼를 풀 수가 없었다. 술잔을 드리는 시종장은 아직도 감옥 안에 있는 요셉이 생각나서 파라오에게 추천하였다. 파라오가 요셉을 불러내어 해몽을 시켰더니, 매우 설득력 있는 답이 나왔다. 7년간 대풍년이 든 뒤에 7년간 대흉년이 든다는 신탁이라는 것이었다. 파라오는 감탄하여 요셉을 '이집트 온 땅의

■ 이집트의 파라오 람세스 2세의 무덤

유럽에 빠지는 즐거운 유혹②

통치자'로 세우고 대대적인 식량비축을 맡겼다.

이 전설의 배경에는 역사적인 사실이 있다고 한다. 이 왕을 제18왕조의 아멘호테프 4세였다고 생각하는 것이다. 유명한 투탕카멘 왕의 선대로 자애의 태양신 '아톤'을 받드는 일신교를 창시했으나 결국은 실패한 것으로 전해지고 있다. 이 왕 밑에 야함이라는 셈족 계통의 장관이 있어서 식량비축정책 등을 시행했다. 당시 시리아는 절반이 이집트의 지배 아래 있었으므로 셈족의 관리가 있어도 하등 이상할 것이 없었다.

요셉의 운명은 하느님의 뜻이었다

광범위한 이상 기후로 생긴 대기근은 야곱과 열한 명의 아들들, 다시 말해 11개 부족들이 있던 가나안 땅의 목초를 말라 죽여 모든 가축들을 전멸시키기에 이르렀다. 그들은 이집트로 이동하여 식량을 청했다.

요셉은 가나안에서 온 형제들과의 그 기구한 만남에 놀랐으나 내색을 하지 않고 있다가 막내 동생 벤야민이 온 것을 확인한 다음 아낌없이 식량을 나누어 주었다. 그러고는 다른 사람들을 물리고 자기가 요셉이라는 것을 밝혔다. 형들은 소스라치게 놀라 자기들의 죄를 생각하고 이제 자신의 나라에 권력자가 된 요셉에게 어떤 보복을 당할지 몰라 두려워하였다. 그러나 요셉은 "하느님께서 우리의 목숨을 살리시려고 나를 형님들보다 앞서 보내신 것입니다. 그러니 나를 이곳으로 보낸 것은 형님들이 아니라 바로 하느님이십니다."라고 말하였다. 이것이 성서의 저자가 강조하고 싶었던 이야기일 것이다. 지면 관계로 아주 간단히 적었지만, 원문은 더 복잡하고 극적인 구성으로 되어 있다.

실존한 인물 모세와 '출애굽기'

요셉과 그 형제들의 자손, 다시 말하여 유대인의 선조는 이 무렵 이스라엘인이라 불리고 있었다. 기근이 끝난 뒤, 그들의 일부는 가나안으로 돌아가고, 일부는 이집트의 동북부에 정착했다. 여기서 이집트에 남은 이스라엘인의 위대한 지도자 모세가 등장하였다.

파라오가 이스라엘인에게 힘겨운 노역을 시켜 모세는 이스라엘인을 이끌고 국외 탈출을 기도했다. 이것이 창세기 다음에 자리를 차지한 출애굽기의 중심 테마이다. 학자는 이 파라오를 제19왕조의 람세스 2세로 보고 있다. 그는 아부 심벨 대신전과 여러 장대한 건조물을 세웠다.

이스라엘인의 국외 탈출은 그들 자신에게는 민족의 운명을 건 대사건이었으나, 이집트로 봐서는 "야만인이 양민 다수를 살해하고 도망쳤다."는 비교적 낮은 차원의 사건이었던 모양으로 아무 기록도 남아 있지 않다.

영화 '십계'에도 묘사된 '과월(過越)'

이상의 이야기를 좀 더 자세하게 이야기하면 다음과 같다.

모세는 몇 번이나 파라오를 알현하여 이스라엘인의 혹사를 중지하든지 아니면 국외 퇴거를 인정해 주든지 해 달라고 부탁하였지만, 파라오는 전혀 귀를 기울이지 않았다. 하느님도 가세하여 온갖 벌을 이집트인에게 내려해충, 전염병, 이상 기후 등의 재앙 반성을 촉구하였는데도 파라오는 꿈쩍도 하지 않았다.

마침내 하느님은 이집트인에게 철퇴를 가할 결심을 하였다. 이스라엘인에게 명하여 한 집에 한 마리씩 새끼 양을 잡아 그 피는 문간에 바르고 고기는 그날 밤 안으로 다 구워 먹은 후 길 떠날 차비를 하여 아침을 기다리게 하였다. 그리고 하느님의 손은 문간에 바른 양 새끼의 피를 표시로 이스라엘인의 집은 그냥 '넘어가고', 이집트인의 집만 습격하여 모조리 죽여 나갔다.

영화 '십계'에서는 하느님의 벌을 나타내는 검은 구름이 하늘에서 내려와 양의 피로 표시가 되어 있는 이스라엘인의 집은 '과월(過越)'하고 이집트인을 쳐 나가는 장면이 그려져 있다.

지금도 여전히 이스라엘인의 대축제인 유월절(逾越節)은 이것이 기원인 것으로 전해지고 있다. 그러나 유월절의 진짜 기원은 목축에 관련된 봄의 축제이며 나중에 출애굽의 고사와 결부되었을 것이라는 것이 대부분 학자들의 견해다.

■ 모세
(미켈란젤로)
로마의 산 피에트로 인 빈콜리 교회.

전차병들이 홍해에 빠졌다는 이야기의 진상

학자는 또 출애굽기의 배경에 조금이라도 사실(史實)이 있다고 한다면, 그것은 다음과 같은 이야기일 것이라고 생각하고 있다.

이스라엘인은 계획에 따라 밤새 준비를 갖추고 집집마다 한 마리씩 새끼 양을 잡아 잔뜩 배를 채운 뒤 날이 새기 전에 주변의 이집트인을 모두 죽이고 출발했다. 통신과 교통이 발달하지 않은 시대의 일이라 이렇게 해 두면 통보가 늦어져서 추격이 시작될 때까지 시간을 벌 수 있었다. 아울러 살해한 이집트인의 식량과 가축 등도 탈취하여 달아났다.

그런데 늦기는 했어도 "이스라엘인이 양민 다수를 학살하고 도망쳤다."는 통보가 전해지자 병사들은 쾌속 전차를 타고 추격해 왔다. 당시의 전차는 두세 마리의 말이 끄는 경쾌한 이륜차로 마차를 모는 자와 사

■ 십계의 석판을
깨는 모세
(렘브란트,
1606~1669)

수가 타는 것으로, 당시의 오리엔트에서 이륜차는 전투의 꽃이었다. 그러나 전차에도 취약점이 있었다. 큰 바위가 널려 있는 황무지에서는 위력을 발휘할 수 없었고, 습지나 연한 모래밭에서는 바퀴가 빠져서 움직일 수 없었다.

모세가 착안한 것은 이 점이었다. 이집트의 전차대가 추격해 왔을 때, 이스라엘인들은 벌써 바닷가의 습지까지 도주해 있었다. 이 바다는 홍해가 아니라 '갈대의 바다'라 일컬어지고 있던 호수였을 것이라는 것이 학자들의 일치된 의견이다. 그리고 이집트의 전차대는 습지에 빠져서 움직일 수 없게 되자 추격을 단념한 것이 아닌가 생각한다. 이집트 군이 모두 바다에 빠져 죽었다는 것은 이스라엘인이 나중에 덧붙인 이야기일 것이라고 본다.

성서에는 "파라오는 말이 끄는 전차를 타고 스스로 병사들을 지휘했다."고 되어 있으나, 람세스 2세가 몸소 말을 타고 나섰다는 것은 매우 의심스럽다. 그리고 이스라엘인이 불모의 시나이 반도로 도망했다는 말을 듣고 토벌군을 출동시켰던 것 같지는 않다.

유럽에 빠지는 즐거운 유혹②

시나이 산의 십계명과 일신교의 확립

모세는 젊을 때부터 자주 아시아 쪽에 와 있었다는 것이 성서에 상세하게 나타나 있다. 대집단을 이끌고 도주하기 전부터 그는 아시아 쪽의 지리에 정통해 있었던 것이 틀림없다.

성서에는 이스라엘인의 수가 60만이었다고 씌어 있으나, 실제로는 고작해야 수천 명 정도였을 것이라고 한다. 그래도 많은 인원을 거느린 시나이 반도에서의 유목 생활은 고난의 연속이었다. 그 동안에 모세는 시나이 산에서 하느님으로부터 십계명을 받았다.

이집트에 오래 사는 동안 우상 숭배 등 악습에 물든 자가 많았다. 모세로서는 이때에 이스라엘인의 정신생활에 시급히 한 가닥의 굵은 중심 뿌리를 심어줄 필요가 있었을 것이다. 이스라엘인이 인류의 역사 속에서 극히 보기 드문 일신교의 신앙을 정말로 굳힌 것은 이 시기라 보고 있으며, 또한 앞에 나온 이집트의 일신교인 '아톤의 신앙'에서 그 어떤 힌트를 얻지 않았을까 하는 설도 제기되고 있다.

유부녀를 유혹한 다윗 이야기

삼손과 데릴라, 음악 · 싸움 · 여자들에 강했던 이새의 아들 다윗, 솔로몬 지혜와 시바 여왕

12부족이 분립한 사사(士師) 시대 모세의 후계자 여호수아의 시대에 이르러서야 간신히 이스라엘인은 하느님으로부터 약속받은 땅, 젖과 꿀이 흐르는 나라, 팔레스티나의 한 귀퉁이에 영토를 확보할 수 있었다. 팔레스티나에는 억센 선주민이 방비를 굳히고 있었으므로, 이스라엘의 12부족은 연합하거나 혹은 단독으로 선주민과 싸워 부족마다 각기 영토를 넓혀 나갔다.

이 무렵에서 사울에 의해 통일 왕국이 형성될 때까지기원전 13세기~기원전 11세기 말를 사사(士師)시대라고 부른다. 사사는 각 부족의 지도자를 말한다. 사사는 하느님의 뜻을 받아 부족 안의 분규도 재판하고 부족을 이끌고 적과 싸우곤 했다. 구약성서에는 여호수아기에 이어 사사기가 있으며 많은 사사 이야기가 등장한다.

괴력의 삼손과 미녀 데릴라

사사기의 대부분은 사실에 입각해 있지만 삼손 이야기와 같은 전설도 있다.

삼손은 무섭게 힘이 세어 이스라엘인의 강적인 블레셋 사람들을 마구 무찔렀다. 그래서 블레셋인은 삼손의 애인 데릴라를 매수하여 동침시키고, 삼손의 괴력의 비밀이 머리털에 있다는 것을 알아내게

하였다. 데릴라의 무릎을 베고 잠이 든 삼손은 그 동안에 머리털이 깎여 그 괴력을 잃게 된다.

블레셋인은 그를 붙잡아 두 눈을 후벼내고 쇠사슬에 묶어 연자매를 돌리게 했다. 그러나 그 동안에 다시 머리가 조금씩 자라 괴력이 되살아났다.

축제의 구경거리로 끌려 나갔을 때, 블레셋의 중요한 인물들과 수천 명의 군중이 모인 대 신전에서 그는 두 개의 굵은 돌기둥을 두 손으로 꽉 끌어당겼다. 대신전은 요란스러운 소리를 내며 허물어졌다. 그리하여 삼손도 블레셋인도 모두 죽었다는 이야기다.

사울, 이스라엘의 초대 왕이 되다

팔레스티나는 '블레셋인의 땅' 이라는 뜻이다.

블레셋인은 팔레스티나의 해안 평야를 본거지로 삼고 예리한 철제 무기와 기동력이 뛰어난 전차병대를 가지고 있었다. 이스라엘인은 아직도 청동무기에 의존하는 형편인 데다가 부족마다 따로따로 흩어져서

도저히 블레셋인의 상대가 되지 못했다.

여러 번 참패를 당한 이스라엘인은 전 부족이 단결하여 한 사람의 강력한 왕을 받들 필요가 있다는 것을 통감하였다. 그 무렵 사무엘이라는 종교가가 있었는데 많은 부족으로부터 신망을 받았다. 그들은 사무엘에게 "이스라엘인의 임금을 세워 달라."고 부탁하였다. 사무엘은 "왕이라는 것은 어차피 압제자가 된다. 그대들에게 무거운 세금과 노역을 징수하고 그대들의 자식을 싸움터로 내몰게 될 것이다." 하고 경고하면서도 사울이라는 무인을 왕위에 앉혔다.

사울에 이어 다윗, 솔로몬이 왕이 되어 고대 이스라엘의 황금시대가 실현되었다. 이 대목은 구약성서의 사무엘 상·하, 열왕기(列王記) 상·하, 역대(歷代) 상·하에 나오는데, 구약성서는 복수의 자료를 후세에 편찬한 것이기 때문에, 조금씩 틀리게 중복되었거나 창작·개작되었다고 여겨지는 부분도 많다.

베들레헴 출신, 이새의 아들 다윗

다윗은 사울의 아들이 아니었다. 다윗은 베들레헴에 살고 있던 이새의 막내아들로 양치기였다.

이야기는 좀 빗나가지만, 고딕식 대성당의 스테인드글라스에는 흔히 '이새의 나무'라는 장면이 있다. 높다란 창문의 전면을 사용하여 나무 모양을 그린 것인데, 그것은 하나의 계도(系圖)를 나타내고 있다. 이것은 이새의 아들이 다윗이고, 그 자손이 예수 그리스도라는 신약성서의 이야기를 도형화한 것이다.

본론으로 돌아가서 사무엘 상 제16장에 다윗이 왕을 섬기게 되는 장면이 나온다. 강적 블레셋인과의 싸움에 골치를 썩인 사울 왕이 노이로제에 걸려서 성서에는 '악령이 임금님을 괴롭히니'로 되어 있다. 울적한 마음을 달래기 위해 하프를 잘 타는 사람을 구하자 청년 다윗이 그 앞에 불려 나가게 된다.

사울 왕은 다윗이 매우 마음에 들어 자기의 무기 당
번으로 삼았다.

작시, 작곡, 하프의 명인 다윗이 그 생애를 통해서
걸출한 시인이자 작곡가였다는 것은 온갖 자료를 통
해서 증명된 사실이다. 구약성서의 시편(詩篇)에 수록
되어 있는 150편의 아름다운 시의 대부분은 '다윗의
노래'로 기록되어 있다. 학자는 그 가운데 많은 것을
후세의 다른 사람이 지은 것이라고 말하고는 있지만,
그래도 '다윗의 노래'로 되어 있다는 것은 얼마나 그
의 명성이 높았는가를 나타내는 증거이다.

사무엘 하 제1장에 있는 '활의 노래'는 사울과 전사
한 그의 아들 요나단을 애도하여 부른 다윗의 조시(弔
詩)로서, 그의 작품이 틀림없다고 한다. 요나단은 그

■ **다윗과 사울**
(렘브란트,
1606~1669)

의 친구였다. 친구의 죽음을 슬퍼하는 다윗의 심정은 읽는 사람의 가슴을 아프게 울린다.

로마네스크식이나 고딕식의 성당에 하프를 손에 든 성자의 상이 있거든 다윗이라고 생각하면 틀림없다.

필살의 '돌팔매'로 골리앗을 쓰러뜨리다

사무엘 상 제17장에 또 다른 형태로 다윗이 처음 등장하는 이야기가 나온다.

제16장의 "하프의 명수로서 불려 나갔다."는 것은 이른바 고자료에 속하며 사실을 전하고 있는 것으로 생각되는 데 반하여, 이 제17장의 이야기는 이른바 신자료에 속하여 다른 사람의 무용담을 다윗으로 바꿔치기한 것이라고 학자는 생각하고 있다.

블레셋 군이 다시 공격해 와서 골짜기를 사이에 두고 사울 군과 대치하고 있었다. 블레셋 쪽에서 골리앗이라는 거구의 장수가 앞으로 걸어 나오면서 "단판 승부로 결판을 내자. 지는 쪽이 깨끗이 항복하여 이기는 쪽을 섬기기로 하자."고 큰 소리로 외쳤다. 사울 쪽은 모두 겁에 질려 아무도 감히 나서려고 하지 않았다. 그 때 싸움터에 나가 있는 형들에게 식량을 전해 주러 온 다윗이 그것을 보고, "제가 나가겠습니다." 하고 말하였다. 사울 왕은 청년의 용기에 감탄하여 자기의 갑옷을 벗어 다윗에게 입혀 주었다.

그러나 갑옷을 입어 본 적이 없는 다윗은 몸을 제대로 움직일 수가 없었다. "다윗은 그것을 모두 벗어버렸다. 그리고 자기의 막대기를 집어 들고 개울가에서 자갈 다섯 개를 골라 가죽 주머니에 넣은 다음 돌팔매 끈을 가지고 그 블레셋 장수 쪽으로 걸어갔다."

골리앗은 이상하게 생긴 어린아이가 슬금슬금 걸어 나오는 것을 보고 비웃는다. 그러나 다윗은 필살의 돌팔매질의 명수였다. 골리앗은 미간에 돌멩이를 맞고 쿵 하고 쓰러졌다. 다윗은 달려가서 골리앗의 칼을 뽑아 그 목을 쳤다.

뜻밖의 결과에 블레셋 군은 동요하였다. 용기백배한 사울 군이 결사로 돌격하자 블레셋 군은 와르르 무너져 도망치기 시작하였다.

다윗의 상은 왜 발가벗었는가?

피렌체에는 다윗의 유명한 상이 둘 있다. 하나는 도나텔로가 만든 동상으로 싱그러운 소년의 모습인데 골리앗의 큰 칼을 쥐고 있다.

또 하나는 미켈란젤로 작의 석상인데 늠름한 청년의 느낌을 준다. 강적과 대결하는 판에 발가벗고 있는 것은 성서에 "그것을 모두 벗어버렸다."고 씌어 있기 때문이다. 어깨에

■ 다윗
(미켈란젤로)
피렌체의 아카데미
미술관.

건 가죽으로 된 것은 돌팔매 끈이다. 한쪽 끝이 주머니로 되어 있는 이것에 돌을 담고 빙빙 돌리며, "이얏!" 하고 던지는 무기이다. 천이나 가죽으로 만든 돌팔매 기구는 고대 세계에서는 도처에서 사용되고 있었다.

가나안의 양치기들 가운데는 양떼를 노리는 이리를 격퇴하기 위해 돌팔매질의 기술을 닦는 사람들이 있었다는 것은 알려진 사실이다. 다윗도 그런 사람의

하나였던 모양이다. 그래서 그는 똑바로 날아갈 강가의 돌멩이를 고른 것이다.

이와 같이 서술이 구체적인 것을 보면 주인공을 다윗으로 한 것은 바꿔치기 한 것인지도 모르나 사울 쪽에 돌팔매의 달인이 있었던 것은 사실인 것 같다. 필살의 나는 무기, 빙빙 돌리는 돌팔매로 대항하려면 갑옷을 벗어 버리지 않을 수 없었을 것이다.

다윗, 사울에 쫓겨나 각지를 전전하다

역사적 사실이라고 하는 까닭은 다음과 같다. 사울 왕을 섬긴 다윗은 이윽고 한 부대의 지휘를 맡게 되어 천재적인 전략가의 솜씨를 발휘하기 시작하였다. 강적과 싸워 잇달아 빛나는 승리를 거두고 그 명성이 나날이 올라갔다.

처음에 사울 왕은 몹시 기뻐하여 자기의 딸을 다윗과 결혼시켰지만 다윗의 명성이 너무 높아지는 것을 질시하여 그를 없애려고 하였다. 몇 번이나 죽을 뻔한 다윗은 심복 부하들을 이끌고 도주하여 유격대 같은 활동을 하였다. 그리하여 사울 군에 쫓겨 각지를 전전한 끝에 결국 숙적이었던 블레셋인의 아기스 왕에게 몸을 의탁하게 되었다.

거기서도 그는 일군의 장으로서 중용되어 당할 자 없는 무적의 공훈을 세우지만 블레셋인은 그가 배신할까 경계하여 이스라엘인과의 싸움터에 내보내는 일은 없었다. 그 동안에 그는 블레셋인의 우수한 무기와 전법에 대해 충분한 지식을 축적했다.

유대인의 역사에서 유일한 대왕국 건설

기원전 1006년, 사울과 그 아들들은 블레셋인에게 패하여 전사하고, 유대 부족을 중심으로 하는 남부 이스라엘인은 다윗을 왕으로 추대했다.

전국시대라 싸움 잘하는 리더가 무엇보다도 요구되었던 것이다. 그 후,

나머지 북부 이스라엘인도 다윗을 왕으로 인정하게 되어 이스라엘인의 역사에서 처음으로 강력한 통일 왕국이 형성되었다.

다윗 왕은 블레셋인을 격파하여 완전히 자기 지배 아래 두었고 주변 여러 지방까지 정복하여 북으로는 다마스쿠스 언저리에서 남으로는 아라비아 사막의 변방에 이르는 광대한 대영토를 차지하였다.

이것이 이스라엘인의 역사에 그 앞에도 그 뒤에도 없는 유일한 통일 왕국이다. 그때부터 오늘에 이르기까지 다윗 왕은 언제나 유대 민족의 영광의 상징이 되어 왔다.

다윗, 미역감는 유부녀를 보다

사무엘기 등에 포함되어 있는 옛 자료에는 다윗의 언행에 대해 좋은 것이나 나쁜 것이나 적나라하게 적혀 있다.

어느 날 저녁, 다윗은 침대에서 일어나 궁전 옥상을 거닐다가 목욕을 하고 있는 한 여인을 보게 되었다. 매우 아름다운 여인이었다. 다윗이 사령을 보내어 그 여인이 누구인지 알아보게 하니 지금 전선에서 적과 싸우고 있는 요압의 신하 우리야의 아내 밧세바였다.

"다윗은 사령을 보내어 그 여인을 데려다가 정을 통하고는 돌려보냈다. 밧세바의 몸에 태기가 있게 되었다. 그래서 다윗에게 자기가 임신했다는 것을 알렸다(사무엘 하 제 11장)."

억지 전사하게 된 우리야

그러자 난처하게 되었다. 다윗은 볼일을 구실로 우리야를 전선에서 소환하여 '요압과 병사들의 안부를 묻고' 싸움터의 형편을 알아보는 등 적당히 대하고는 집에 돌아가서 푹 쉬라고 말했다. 그러나 우리야는 집에 가지 않고 대궐 문간에서 근위병들과 함께 잤다. 그것을 알고 다윗은 또 다시 우리야에게 집에 가서 쉬라고 말하자 우리야는 대답했다. "제 상관 요압 장군이

■ **다윗과 밧세바**
(얀 마시스,
1509~1575)

나 임금님의 부하들도 들판에 진을 치고 있습니다. 그런데 저만 집에 가서 편히 쉬며 먹고 마시고 아내와 더불어 밤을 지내다니 도저히 그렇게는 할 수 없습니다."

다윗은 점점 더 난처해져서 다른 수단을 생각하였다.

"다음날 다윗은 우리야를 불러들여 한 식탁에서 먹고 마시게 하여 그를 흠뻑 취하게 만들었다. 우리야는 그날 저녁에도 어전에서 물러나와 집으로 돌아가지 아니하고 근위병들과 함께 잤다."

초조해진 다윗은 비정하기 짝이 없는 수단을 강구한다.

날이 밝자 다윗은 요압 앞으로 편지를 써서 우리야에게 보냈다.

다윗은 그 편지에 이렇게 썼다. "우리야를 가장 전

유럽에 빠지는 즐거운 유혹②

투가 심한 곳에 앞세워 내보내고, 너희는 뒤로 물러나서 그를 맞아 죽게 하여라." 밧세바는 남편이 전사했다는 전갈을 받고 남편을 위하여 곡을 했다.

곡하는 기간이 지난 다음, 다윗은 예를 갖추어 그 여인을 궁으로 맞아들여 아내로 삼았다.

그 후 다윗은 나단이라는 의인에게 꾸지람을 듣고, "내가 야훼께 죄를 지었다." 하고 회개했으며 하느님도 다윗을 용서해 주었다. 성서 저자가 강조하고 싶었던 것은 바로 이 점이다.

애증은 피로써 결말을 맺고

이때 이미 다윗은 여섯 명의 아들이 있었다. 장남에서 5남까지는 각각 다른 여성이 낳은 자식들이고, 6남은 정실 애글라의 자식이었다. 거기에 밧세바가 추가되어 7남에서 10남까지 낳았다. 그 밖에 딸이 모두 해서 9명이 있었다. 게다가 '후궁'들에게 낳게 한 자식들도 있다는 것이 역대 상 제3장에 나와 있다.

이렇게 되면 집안 분규가 일어나는 것은 당연하며, 이에 관해서는 사무엘 하와 열왕기 상에 상세히 기록되어 있다.

"다윗 왕의 나이가 많아 아무리 이불을 덮어도 몸이 덥지 않게 되었다. 신하들이 그에게 아뢰었다. '나이 어린 처녀 하나를 구하여 임금님의 시중을 들고 모시게 하면 어떻겠습니까? 임금님께서 품에 안고 주무시면, 옥체가 훈훈해지실 것입니다.' 신하들은 허락을 받고 아리따운 처녀를 찾아 이스라엘 전국을 누볐다.

그들은 수넴 여자 아비삭이라는 처녀를 구해 왕에게 데려왔다. 그 처녀는 매우 아리따웠다. 그가 왕을 모시고 시중을 들게 되었지만 왕은 몸을 섞지 않았다."

이에 앞서 3남 압살롬이 다윗 왕을 배반하여 반란을 일으켰으며, 한때는 다윗 왕을 궁지에 몰아넣었으나 결국은 패하여 죽었다. 이번에는 4남 아도

니야가 다윗 왕의 죽음이 멀지 않다고 보고 지지자를 끌어 모아 "내가 왕이 된다."고 선언하였다.

밧세바는 무슨 일이 있어도 자기 아들 솔로몬을 왕으로 앉힐 생각을 하고 있었으므로, 아름다운 처녀 아비삭의 시중을 받으며 물컹해진 다윗 왕을 졸라 솔로몬을 후계자로 지명시켰다. 왕의 신하의 아내였던 밧세바는 미역감던 모습이 왕의 눈에 띈 것을 발판으로 마침내 최고 권력의 자리까지 뛰어오른 것이다.

그 뒤 솔로몬은 피의 숙청을 단행하여 반대자를 잇달아 죽이고 권력을 확립하였다. 압살롬 반란으로부터 여기까지 이르는 이야기는 웬만한 소설 따위는 발치에도 미치지 못할 만큼 재미있다. 성서의 신공동역의 문장도 매우 쉽고 그러면서도 생생하다(사무엘 하 제13장에서 열왕기 상 제2장까지).

■ 솔로몬 성전의 건축
(장 푸케,
1415~1481)

솔로몬의 지혜, 시바 여왕의 내방

솔로몬이 예루살렘에 장려한 신전과 왕궁을 조성한 것과 대규모 전차 병대를 창설한 것은 후세의 기록과 고고학적 발굴로도 밝혀져 있다.

그러나 남달리 뛰어난 지혜자였다든지, 시바 여왕이 찾아왔다든지 하는 이야기는 아무래도 사소한 사실(事實)이 과장되어 전해진 것 같다.

시바의 나라가 지금의 예멘에 있었으며 농업 개발과 교역으로 번영

유럽에 빠지는 즐거운 유혹②

을 누렸던 것은 확실하지만 솔로몬과 같은 시대에 그와 비슷한 여왕이 있었다는 사료(史料)는 전혀 없다고 한다. 아라비아의 북쪽 변방에 있던 조그만 나라의 여왕이 찾아온 것이 진상이 아니겠느냐 하는 것이 학자의 생각이다.

솔로몬이 죽은 뒤 이스라엘인의 왕국은 남북으로 분열하여 쇠퇴했다. 구약성서를 종교의 관점에서 본다면, 이 뒤의 욥기, 시편, 이사야, 예레미야 등이 가장 중요한데, 그 방면에 권위적인 해설서가 몇 가지나 나와 있으므로 여기서는 다루지 않기로 하겠다.

수많은 명화를 남긴 신약성서

조형 미술과 문학에 수없는 테마를 제공, 감동적인 인간 이야기도 많아

네 부분으로 나누어서 생각해 보자

신약성서는 구약성서와는 달리 그리 두꺼운 책이 아니다. 모두 합쳐서 27편의 서(書)로 되어 있는데, 다음과 같이 넷으로 분류하여 생각하면 이해하기 쉽다.

첫째, 복음서(福音書)라고 부르는 부분이다. 마태복음, 마가복음, 누가복음, 요한복음의 네 가지 복음서로 구성되어 있으며, 내용은 모두 예수의 생애와 언행을 적은 것으로 예수가 하느님의 아들, 인류의 구세주 그리스도라는 것을 논증하려고 한 것이다.

둘째, 사도(使徒) 언행록이다. 이것은 사도행전(使徒行傳)이라고도 한다. 예수의 제자들, 특히 베드로와 바울의 선교활동을 기록하고 있다.

셋째, 사도들이 각지의 교회와 신자들에게 보낸 편지의 집성이다.

넷째, 요한 계시록(啓示錄)이다. 박해가 심했던 시대에 위정자의 추궁을 피하기 위해 신자가 아니면 알 수 없는 수수께끼 같은 표현을 구사하여 일종의 종교문학이다.

흥미 깊게 읽을 수 있는 복음서와 사도행전

유럽 문화에 대한 이해를 깊게 하기 위해 신약성서를 읽어 보고 싶어 하는 사람에게는 먼저 네 복음서와 사도행전을 권하고 싶다. 신약성서 전체에서 절반이 조금 넘는다. 복음서나 사도행전이나 이야기의 성격이 풍부하기 때문에 기독교 신앙과 관계가 없는 사람이라도 흥미 있게 읽을 수 있다.

이에 반해 후반의 사도들의 서한집과 묵시록은 신자나 또는 기독교를 연구해 보고 싶은 사람이 아니면 손을 대기가 조금 어려울 것이다.

적어도 네 복음서는 읽어 봐야 하며 옛날부터 많은 유명한 미술 작품이나 문학 작품의 테마가 되어 온 장면이 잇달아 전개된다.

가장 초기에 씌어진 소박한 마가복음

네 가지 복음서가 모두 예수 그리스도의 생애를 적은 것이므로 내용은 어느 정도 비슷비슷하다. 특히 마태복음, 마가복음, 누가복음은 공통점이 많아서 공관(共觀) 복음서라고 일컫는다. 요한복음만은 좀 이색적이며 그리스 철학적인 요소가 강하다.

성서의 편성에서는 마태복음이 제일 먼저 나와 있

■ 4복음서

지만, 시대적으로는 마가복음이 더 오래되며 서기 50년경에 씌어진 것으로 보고 있다.

마가복음의 특징은 동화적인 요소가 적다는 점이다. 그리고 예수의 탄생에 관한 이야기 같은 것은 전혀 없고, 예수가 30세쯤 되어 설교 생활에 들어가는 대목에서부터 시작하고 있다. 문장도 매우 평이하다. 윤색된 부분도 적고 초기 교회의 사람들이 예수를 어떻게 생각하고 있었는가를 가장 충실하게 전하고 있는 것으로 간주된다.

유대인을 대상으로 씌어진 마태복음

마태복음과 누가복음은 서기 70년경에 씌어졌다. 양쪽 다 마가복음을 자료로 삼았으며 나아가서 저마다 독자적인 자료와 견해를 가미하고 있다. 마태복음은 유대인을 대상으로 예수가 그리스도구세주라는 것을 유대인에게 설득시키기 위해서 씌어진 것이다. 신약성서의 서두, 마태복음 제1장 첫머리에 장황하게 나오는 예수 족보가 무엇보다도 그것을 잘 말해 주고 있다. 아브라함의 14세손이 다윗, 다윗의 14세손이 아무개 하는 식으로 사람의 이름이 길게 이어진다. 마지막으로 마리아의 남편 요셉, 그리고 마리아에게서 그리스도인 예수가 태어났다고 되어 있다.

유대인은 구세주가 다윗의 자손에게서 태어난다고 믿고 있었으므로 아무래도 먼저 이런 족보를 내세울 필요가 있었던 것이다. 이 족보는 물론 사실이 아니다. 신약성서를 읽어 볼까 하는 사람은 대개 이 인명의 나열에 질려서 첫 페이지 절반도 읽기 전에 내동댕이치고 만다. 조금만 참으면 금방 재미있는 장면이 나오는데도 말이다.

격조 높은 명문 마태복음

유대인을 겨냥하고 있는 것 이외에 마태복음의 특징으로는 문장이 매우 격조가 높다는 것을 들 수 있다. 기독교도가 아닌 사람은 예부터 성서를 일종의 격언집으로 받아들이는 경향이 강한데, 이 점은 마태복음이 가장 적합하다. 예부터 친숙했던 것을 몇 가지 예로 들기로 한다.

"여자를 보고 음욕을 품는 자마다 마음은 이미 간음하였느니라."

"누구든지 네 오른편 뺨을 치거든 왼편도 돌려 대며, 또 너를 송사하여 속옷을 가지고자 하는 자에게 겉옷까지도 가지게 하라."

"너는 구제할 때에 오른손이 하는 것을 왼손이 모르게 하여, 네 구제함이 은밀하게 하라."

"목숨을 위하여 무엇을 먹을까, 무엇을 마실까, 몸을 위하여 무엇을 입을까 염려하지 말라.…… 들에 백합화가 어떻게 자라는가 생각하여 보라. 수고도 아니 하고, 길쌈도 아니 하느니라. 그러나 솔로몬의 모든 영광으로도 입은 것이 이 꽃 하나만 못하였느니라."

"좁은 문으로 들어가라. 멸망으로 인도하는 문은 크고 그 길이 넓어 그리로 들어가는 자가 많고, 생명으로 인도하는 문은 좁고 길이 협착하여 찾는 이가 적음이니라."

이 '좁은 문'이라는 말은 앙드레 지드의 소설 제목이 되었다.

그런데 성서학자에 의하면 성서의 일부를 이와 같이 단편적으로 읽는 것은 큰 오해의 원인이 된다고 한다.

국제파 교양 인사가 쓴 누가복음

누가복음을 쓴 누가는 의사였다. 그 때문에 유럽에서는 성(聖) 누가는 의사의 수호성인으로 여겨지고 있다. 누가는 유대인이 아니고 헬레니즘 세계에서 자란 교양 있는 인사로 바울의 친구로서 소아시아와 그리스에 기독교를 전파하는 일을 도왔다.

누가복음이 밝고 인간적인 이야기의 성격에 차 있는 것은 누가의 헬레니즘적 교양을 나타내는 것이라고 한다. 어떤 학자의 연구에 의하면, 누가는 원자료에 별로 손질을 하지 않고 되도록 원 형태대로 기록에 남긴다는 주의였기 때문에, 누가복음은 매우 자료적인 가치가 크다고 한다.

그리스 철학의 논법에 의한 요한복음

요한복음은 가장 새로운 것으로 1세기 말이나 2세기 초쯤에 성립되었던 것으로 생각된다. 이 복음서에서는 예수가 하느님의 아들이며 인류의 구세주 그리스도라는 이론을 그리스 철학 풍으로 구축하였다. 이 복음서의 서두가 유명한데 그 성격이 잘 나타나 있다.

"태초에 말씀이 계시니라, 이 말씀이 하느님과 함께 계셨으니, 이 말씀은 곧 하느님이시니라. 그가 태초에 하느님과 함께 계셨고, 만물이 그로 말미암아 지은 바 되었으니……."

"참 빛, 곧 세상에 와서 각 사람에게 비취는 빛이 있었나니, 그가 세상에 계셨으며, 세상은 그로 말미암아 지은 바 되었으되, 세상이 그를 알지 못하였느니라. "

만물의 생성원리를 논하는 것에서 철학이 시작된다는 그리스 철학 논법이 그대로 사용되고 있다. 제1장의 후반부터 더 평이한 문장이 된다.

나중에 보태진 수태고지(受胎告知) 이야기

세상에 잘 알려진 예수 탄생 이야기를 자료로 복음서의 내용 발전에 관한 경위에 대해 좀 더 생각해 보기로 하자. 먼저, 천사가 나타나서 마리아가 처녀의 몸으로 하느님의 아들을 잉태한 것을 알리는 수태고지의 이야기부터 시작한다.

수태고지와 예수 탄생에 관한 이야기는 가장 먼저 성립된 마가복음에는 없고 나중에 성립된 마태복음과 누가복음에 등장한다. 그래서 이 이야기는 나중에 창작되었거나, 혹은 신도들 사이에 퍼지고 있던 이야기를 기초로 마태복음과 누가복음의 저자가 써 보탠 것으로 여겨진다. 그리고 마태복음과 누가복음에서는 수태고지의 양상이 아주 다르게 나타나고 있다.

마태복음에서는 천사가 요셉의 꿈속에

마태복음에서는 다음과 같이 되어 있다.

"마리아는 요셉과 약혼을 하고, 같이 살기 전에 잉태한 것이 드러났다. 요셉은 마리아의 일을 세상에 드러낼 생각도 없었으므로, 남모르게 파혼하기로 마음먹었다. 요셉이 이런 생각을 하고 있을 무렵 주의 천사가 꿈에 나타나서, '……두려워하지 말고, 마리아를 아내로 맞아들여라. 그의 태중에 있는 아기는 성령으로 말미암은 것이다.' 라고 일러주었다."

신약성서는 예수가 하느님의 아들, 그리스도라는 것을 논증하기 위해 씌어진 것이며, 사실을 그대로 기록하려고 한 것이 아니다. 그러나 가령 이것이 사실이었다고 한다면, 요셉으로서는 속으로 매우 언짢은 생각이 들었을 것이다. 그는 시골 마을 나사렛의 목수였으므로, 상대편인 마리아도 아주 보통 서민의 딸이었을 것이 틀림없다. 이 정경은 '요셉의 꿈' 이라는 제목으로 로마네스크 시대의 조각 등에 이따금 등장한다.

여기서 한 가지 모순된 것이 있다. '아브라함은 이삭을 낳고, 이삭은 야곱을……' 이라는 표현으로 길게 족보를 적고, 다윗과 솔로몬을 거쳐 '……야곱은 마리아의 남편 요셉을 낳았고,' 라는 데까지 왔는데, 그 다음에는 요셉은 예수의 아버지가 아닌 것으로 되어 있다. 그렇다면 구세주 예수 그리스도가 다윗의 자손이라는 논증은 성립이 안 되는 것이 아닌가?

누가복음서에서는 천사가 직접 마리아에게 이른다

누가복음에 나오는 수태고지 이야기는 누가복음의 성격을 잘 반영하고 있으며 더욱 극적이고 인간적이다.

"천사는 마리아의 집으로 들어가, '은총을 가득히 받은 이여, 기뻐하여라. 주께서 너와 함께 계신다.' 하고 인사하였다. 마리아는 몹시 당황하며 도대체 그 인사말이 무슨 뜻일까 하고 곰곰이 생각하였다. 그러나 천사는 다시 '두려워하지 말라. 마리아, 너는 하느님의 은총을 받았다. 이제 아기

■ **수태고지**
천사는 흰 손에 백
합을 들고 있다.
(레오나르도 다빈
치, 1452~1519)

를 가져 아들을 낳을 터이니.' 이 말을 듣고 마리아가 '이 몸은 처녀입니다. 어떻게 그런 일이 있을 수 있겠습니까?' 하자 천사는 이렇게 대답하였다. '성령이 내려오시고, 지극히 높으신 분의 힘이 감싸주실 것이다.' ……"

이것이 협의의 수태고지다. 그림의 제재로서는 마태복음에 의한 '요셉의 꿈' 보다 누가복음에 의한 이 '수태고지' 가 주로 사용되어 왔다. 이것은 마리아 신앙이 점점 깊어진 것과도 관계가 있다.

화가들이 미화하여 넓힌 이미지

우피치 미술관에 있는 시모네 마르티니의 '수태고지' 는 그의 최고 걸작이다. 마찬가지로 레오나르도 다빈치의 '수태고지' 도 그의 젊은 날의 대표작이다. 이 밖에도 수태고지의 테마는 수많은 명화를 낳았다.

청순 바로 그 자체의 처녀가 하느님의 이르심이라는 말을 듣고 두려워 떨면서 이루 말할 수 없는 감격에 잠기는 극적인 정경이 예술 작품으로서 '수태고지'

의 핵심이다. 천사가 그림에서는 여자처럼 보이지만, 물론 남자다. 청순의 상징인 흰 백합, 올리브, 그 밖의 꽃을 손에 들고 있다. 무릎을 꿇고 구애하는 남자의 모습이다.

화가들은 누가복음에 나오는 간단한 이야기의 이미지를 차츰 부풀려서 어느 사이에 위와 같은 정형을 만들어 냈다. 마리아의 집은 아주 조촐한 시골집이었을 터인데 호화로운 대저택처럼 그려지고 마리아의 복장도 마치 왕후(王侯) 귀족의 딸처럼 그려져 있다.

이에 반해 이탈리아에서 만들어진 '마태에 의한 복음서'라는 영화에서는 '만일, 성서에 쓰여 있는 것이 사실이라면, 실상은 아마 이랬을 것'이라는 생각 아래 시대 고증에 입각하여 모든 것을 리얼하게 묘사함으로써 보는 사람에게 깊은 감명을 주었다. 그 영화에서는 마리아가 타고난 시골 처녀의 모습으로 누옥의 마당에 앉아 있는데, 누더기를 걸친 쑥대머리의 맨발 청년이 나타나 마리아 앞에 우두커니 서서 웃지도 않고 수태를 고지한다. 전체적으로 매우 설득력 있는 영화였다.

유대인 등 기독교에 적의를 품는 이들 사이에서는 이미 고대서부터 다음과 같은 소문이 진실인 양 전해지고 있었다고 한다. 예수의 아버지는 로마 병사였다는 설이다. 마리아가 로마 병사에게 폭행을 당하여 잉태한 것을 요셉이 의협심에서 사정을 다 알고도 아내로 삼았다는 것이다.

신약성서에 나타난 전설과 진실

복음서 저자들이 소박하게 믿고 있었던 전설과 기적 같은 이야기의 배후에
묘사되어 있는 사실은?

누가복음에 나오는 크리스마스 이야기

4복음서 가운데 제일 먼저 나온 마가복음에는 예수 탄생에 관해서 아무
것도 씌어 있지 않고, 마태복음에는 "헤롯 왕 때에 유대의 베들레헴에서 태
어나셨다."고 씌어 있을 뿐이다.

잘 알려져 있는 크리스마스 이야기, 예수가 마구간에서 태어나 구유 속
에 뉘어졌다는 이야기, 양치기들의 이야기 등은 누가복음에 나온다. 여기
에도 누가복음의 성격이 나타나 있다.

예수의 생년은 불명이라는 것이 정설

예수는 언제 태어났는가? 물론, 서역 기원 원년의 12월 25일에 태어났다
고 많은 사람들은 생각하고 있다. 그런데 예수의 탄생일은 사실은 분명하
지 않다. 12월 25일을 탄생일로서 축하하는 습관은 훨씬 후세에 와서 생긴
것이다.

탄생의 월일은 고사하고 탄생한 해조차 분명하게 알려져 있지 않다. 옛

유럽에 빠지는 즐거운 유혹②

날에는 왕후(王侯)나 귀현(貴顯)의 자식이 아닌 이상 출생에 대해서 전혀 기록이 없는 것이 보통이며, 목수의 아들로 태어난 예수도 예외는 아니었다. 현재의 학자들 사이에서는 예수가 기원전 4년이나, 혹은 그 전에 태어났다는 점에서 의견이 일치하고 있다. 확실한 사료(史料)에 의해 헤롯 왕이 기원전 4년에 죽은 것이 분명하기 때문이다.

종교가 모든 것을 지배하고 있던 중세라면 모르되, 지금에 와서는 예수가 태어난 해가 정확히 기원 원년이어야 할 이유는 없다. 요컨대 세계 공통의 척도로서의 서기(西紀)면 되는 것이다.

동 로마의 유스티니아누스 대제 시대에 나온 디오니시우스라는 신학자가 〈부활절의 서〉라는 책에서 예수를 로마 건국 기원 754년에 태어난 것으로 하여 그 해를 기원 원년으로 삼자고 주장한 것이 오늘날 서력의 시작이다.

예수의 생년에 대해서는 각지에서 온갖 이설이 있었으나, 9세기경에 그의 주장이 널리 기독교계 전체에서 인정받기에 이른 것이다. 실증적인 역사학이 발달하지 않은 시대의 일이라 그의 설은 실은 틀린 것이었다.

헤롯 왕의 '유아 학살'

예수가 태어난 무렵, 그 근방 전체는 이미 로마 제국의 지배 아래 있었는데 로마는 매우 특수한 종교적 민족인 유대인을 통치하는 데 어려움을 느끼고 헤롯 왕이라는 꼭두각시 정권을 세워 유대를 간접적으로 지배하고 있었다.

마태복음에 의하면, 예수가 "베들레헴에서 태어나셨는데, 그때에 동방에서 박사들이 예루살렘에 와서 '유대인의 왕으로서 나신 분이 어디 계십니까? 우리는 동방에서 그 분의 별을 보고 그 분에게 경배하러 왔습니다.' 하고 말했다. 이 말을 듣고 헤롯 왕이 당황한 것은 물론…… 그래서 사람을 보내어 그 일대에 사는 두 살 이하의 사내아이를 모조리 죽여 버렸다."

잔학한 성격을 지닌 헤롯 왕은 왕위를 빼앗길까 두려워서 그 전 왕가의

■ 아기를 안은 성모
(장 푸케, 1415~1481)

일족으로부터 마침내는 자기의 친자식에 이르기까지 닥치는 대로 죽였다는 것이 역사적 사실로서 알려져 있다. 헤롯 왕이 베들레헴 지방의 유아를 모두 죽여 버렸다는 것이 역사적 사실로는 인정되지 않더라도 마태복음의 독자들에게는 "그럴 수도 있겠다."고 여겨지고 있다.

칼을 치켜들고 덤벼드는 병사들, "아기를 죽이지 말아줘요!" 하고 애원하는 어머니, 칼에 찔려 몸을 비트는 아기, 비탄에 잠긴 사람들 등 극적인 요소가 갖추어져 있기 때문에 이 '유아 학살'의 장면도 옛날부터 곧잘 그림의 테마가 되었다.

'성모자와 요셉의 이집트 행'

그러나 예수는 무사했다. 그 전에 천사가 요셉의 꿈에 나타나 "아기와 아기 어머니를 데리고 이집트로 피신하라."고 일러주었기 때문이다.

이것이 '성모자(聖母子)와 요셉의 이집트 행'으로 아기 예수를 안은 마리아가 나귀를 타고, 고삐를 잡은 요셉이 타국을 찾아가는 목가적인 정경은 로마네스크 시대부터 많은 작품에 영감을 주었다. 그리고 '동방에서 온 점성술의 학자들'에 관해서는 에피파니의 항을 참조하기 바란다.

신약성서의 내용은 어디까지 사실인가?

누가복음에는 예수의 유년 시절 이야기가 조금 나오지만, 이것은 나중에 생긴 전설로 추정된다. 네 복음서가 일치하고 있는 것은 예수가 요르단 강에서 세례자 요한의 세례를 받는 데서 십자가에 못박혀 죽는 데 까지이다. 이 동안의 내용은 역사적 사실로서 틀림없는 것으로 인정되고 있다.

오늘의 과학으로는 있을 수 없다고 생각되는 기적 이야기가 도처에 끼어 있는 것은 초기의 신자들이 상황을 어떻게 해석하고 있었는가 하는 것의 반영이며, 그것은 그것 나름으로 역사적 자료로서 귀중하다는 것이 성서학자들의 생각이다. 십자가의 죽음에 이어 예수가 사흘 만에 부활하여 제자들 앞에 나타나는 이야기가 네 복음서의 세부 사항에서는 저마다 조금씩 달리하여 적혀 있다.

예수가 태어날 무렵 유대의 정세

기원전 4년에 헤롯 왕이 죽자, 로마 황제 아우구스투스는 헤롯 왕의 세 아들에게 왕국을 분할 통치시켰다. 예루살렘을 포함한 중앙부는 아켈라오에게 할당되었으나, 실정을 계속하는 바람에 서기 6년에 아우구스투스는 아켈라오를 추방하고 직접 통치 아래 두었다. 예수의 고향인 갈릴리는 변방이기 때문에, 로마는 헤롯왕의 아들 헤롯 안티파스를 영주로 앉혀 줄곧

간접 통치를 하고 있었다.

이와 같이 직접 간접의 차이는 있어도 유대인은 모두 로마의 중압 아래 놓여 있었다. 그래서 무거운 세금으로 착취당하여 허덕이는 생활을 하였다. 그리고 유대인이 무엇보다도 소중히 생각하고 있었던 '하느님과 유대인과의 약속'이 로마의 지배 하에서 짓밟히고 있는 일에 심한 분노를 느낀 유대인들은 반로마의 기운이 팽배해 있었다.

특히 열심당(熱心黨-제로타이)이라고 부르는 지하조직은 로마인에 대해 암살과 반란 등의 직접 행동을 하였으며 민중의 은밀한 지지를 받고 있었다. 그러나 유대인 지도자층은 로마의 실력을 잘 알고 있었기 때문에 이같은 움직임에 반대하여 로마와 타협을 택하고 자기들의 지위를 지키는 데 급급했다. 예수가 세상에 나온 것은 이 같은 시대 배경 아래에서였다.

풀뿌리에서 일어선 위대한 종교가

이 무렵에 세례자 요한이 나타나 유대 광야에서 "회개하라, 하늘나라가 다가왔다!" 하고 선포하였다.

요한은 낙타 털옷에 가죽 허리띠를 두르고 메뚜기와 들꿀을 먹으며 살았다. 그때에 예루살렘을 비롯하여 유대의 각 지방과 요단강 부근의 사람들이 다 요단강으로 요한을 찾아가서 자기 죄를 고백하여 세례(밥티즘)를 받았다(마태복음 제3장). 이것은 "세상의 종말이 가까워졌으며, 그때는 하느님의 최후의 심판이 내려질 것이다."라는 종말 사상의 발현이다.

아버지의 가업을 이어 목수를 하고 있던 예수는 그 무렵 30세쯤 되었는데 요한의 가르침을 듣고 분발했던지 요한을 찾아가서 세례를 받았다.

복음서는 예수를 하느님 아들, 구세주 그리스도라는 입장에서 이 부분을 윤색하고 있지만, 요한이 선생, 예수가 제자였었던 것은 틀림없다. 그리고 요한은 에세네파라는 교단의 출신이었을 것으로 추측되고 있다.

민족의 위기에 직면할 때마다 민중 사이에서 열렬한 종교가가 나타나 신의 분노를 설교하고 사람들에게 회개할 것을 종용하는 것은 구약 이래 유대인의 전통적인 장기 같은 것이었으므로, 여기서 요한, 이어 예수가 '풀뿌리'에서 일어선 것은 조금도 기이한 일이 아니다. 물론 예수를 하느님의 아들 그리스도라는 신앙의 입장에서는 이론이 있을 수 있겠지만, 그래도 예수를 어디까지나 하나의 인간으로 볼 때 인류사(人類史)상 불세출의 위대한 종교가였다는 것은 이론의 여지가 없다.

■ 세례자 요한
(레오나르도 다빈치,
1452~1519)

가난한 사람들에게 하느님의 사랑을 설교한 예수

당시 유대인의 지도자 계급은 사두개파와 바리새파였다.

사두개파는 사제 계급으로 예루살렘의 신전을 관리하고, 로마의 지배 아래서도 자치 조직으로서 인정을 받고 의회의 의원을 다수 차지하고 있었다. 그들의 두목인 대사제는 사실상 유대인 전체의 대표 같은 지위에 있었다. 당연히 그들은 현상유지파, 친로마파였다.

바리새파는 권력의 자리에 앉아 있지는 않았으나, 유대인의 종교 생활의 지도자로 자처하고 있었다. 율법일상생활 전반에 관한 것이 세밀하게 정해져 있는 종교적인 규칙을 정확히 준수하는 것을 긍지로 삼고, 그것을 준수하

■ **세례를 주는 성 요한**
(니콜라 푸생,
1594~1665)

지 못하는 자를 '신의 버림을 받은 자' 라 하여 경멸했다. 하지만 가난한 사람들이 율법을 문자 그대로 지키기는 불가능했다.

예수는 사두개파, 바리새파, 율법학자들의 위선을 철저히 공격하고 그들이 철저히 지키는 형식주의는 참된 신앙과는 관계가 없으며 오히려 구원으로의 길을 막는다고 격렬히 비난했다. 그리고 일체의 형식을 배제하고 오로지 하느님의 사랑을 믿는 것만이 구원에의 길이라고 설교하여 가난한 사람에게 커다란 마음의 위안을 주었다.

소녀가 건네준 요한의 머리

예수는 온 갈릴리 지방을 돌아다니면서 설교를 하여 많은 지지자를 얻었다. 그때 일어난 것이 세례자 요한이 참수당한 사건이었다.

갈릴리의 영주 헤롯 안티파스는 동생 빌립의 아내였던 헤로디아와 결혼한 일로 인해 요한에게 심한 비난을 받자 요한을 붙잡아 옥에 가두었다. 그러나 민중의 인기가 두려워 그를 죽이지 못하고 있었다. 그런데 헤롯은 자기의 생일 축하연에서 헤로디아가 데리고 온 딸 살로메가 훌륭한 춤을 추어 보인 것을 기뻐하여 무엇이든지 갖고 싶은 것을 주겠다고 약속

유럽에 빠지는 즐거운 유혹②

하였다. 어머니가 시키는 대로 살로메가 원한 것은 요한의 머리였다. 요한
은 옥중에서 참수되어 "그 머리를 쟁반에 담아다가 소녀에게 건네자, 소녀
는 그것을 제 어미에게 갖다 주었다."(마태복음 제14장) 구스타프 모로의 요
염한 그림과 와일드의 희곡 등으로 유명한 장면이다. 그러나 한편 정치적
인 배경을 중시하는 학자는 다르게 생각한다.

헤롯은 그런 정도의 일로 요한을 죽인 것이 아니다. 요한을 부추겨서 열
심당이 반란을 일으킬 기미가 보였으므로 미연에 싹을 자른 것이다.

그리고 바리새파 등의 호소를 받고, 예수도 요한과 동류의 위험인물로
보고는 예수의 목숨을 노리게 된 것이라 한다.

자기 몸을 희생하여 사람들을 구하려고

예수는 요한이 참수되었다는 말을 듣고 갈릴리호에서 "배를 타고 따로
한적한 곳으로 가셨다. 그러나 여러 동네에서 사람들이 이 소문을 듣고 육
로로 따라왔다. 예수께서 배에서 내려 거기 모여든 많은 군중을 보시고는
측은한 마음이 들어 그들이 데리고 온 병자들을 고쳐 주셨다."(마태복음 제
14장) 그 후 저녁때가 되어 몇 천 명의 군중과 함께 풀 위에 앉아 몇 개의 빵
과 물고기를 나누어 먹는 감동적인 이야기가 이어진다.

예수와 제자들은 훨씬 북쪽에 있는 가이사라 빌립보 지방으로 달아났는
데 그 곳도 안주의 땅은 아니었다. 그 무렵 예수는 중대한 결심을 하였다.
그때까지는 갈릴리 지방에서 포교하고 있었으나 비극적인 결과가 온다고
하더라도 중앙인 예루살렘에 들어가 거기서 당당히 자기의 신념을 피력하
고 세상의 많은 사람들을 구원하자는 결심이었다.

예수 일행은 사람들의 눈을 피하듯이 요르단 강을 따라 남하하여 예루살
렘으로 향하였다. 제자들은 스승의 진의를 이해하지 못했다. 수제자인 베
드로는 무모한 계획을 중지하라고 간언하여 오히려 예수에게 꾸지람을 들
었다. '갈릴리 예수'의 명성은 이미 예루살렘에서도 널리 퍼져 있었으므

로, 예수에게 기대를 걸고 있던 민중은 환호하며 예수의 예루살렘 입성을
맞이했다.

격렬하기 짝이 없었던 예수의 언동

죽음을 각오하고 있던 예수의 예루살렘에서의 활동은 기백에 찬 것이었
다. 사제들이 관리하고 있던 "성전 돌 안으로 들어가, 거기에서 팔고사고
하는 사람들을 다 쫓아내시고 환전상들의 탁자와 비둘기 장수들의 의자를
둘러엎으셨다."

그러고는 신전은 기도하는 집이라 불려야 하는데, "너희들은 이 집을 강
도의 소굴로 만들었다."(마태복음 제21장)고 꾸짖었다. 사제들이 격분한 것
은 두말할 것도 없다. 예수는 정력적으로 자기의 생각을 사람들에게 설교
하고, 사두개파, 바리새파, 율법학자들의 위선을 철저히 폭로하여 무자비
하게 공격했다.

그리하여 "하루라도 빨리 이 자를 없애지 않으면, 우리의 설 자리가 없어
진다."고 예루살렘의 지도자층은 통감하였던 것이다.

민중은 실망하고, 제자들의 마음에도 의심이

민중의 마음속에 환멸이 스며들기 시작했다. 예수가 말하는 '하느님의
나라'가 순수한 신앙의 문제이며, 유대인이 열망하고 있던 '지상의 이상
국'의 실현이 아니라는 것이 뚜렷해졌기 때문이다. 예수가 말하는 '하느님
의 나라'에 대해서는 제자들까지 오해하고 있었다. 예루살렘으로 가는 도
중 "하느님의 나라에서 우리는 어떤 지위에 앉게 되겠는가?" 하고 물었을
정도였다.

예루살렘 입성 후 제자들의 당황은 더욱 커졌다. 경리 담당이었던 유다
의 마음에 스승을 버리자는 생각이 싹튼 것이었다.

최후의 만찬과 십자가의 죽음

예수가 죽은 지 사흘 만에 부활, 그것에 대한 신앙에서 기독교가

예수의 말살을 서두르는 사제장들

예수가 예루살렘에 입성한 것은 유대인이 1년 중에서 가장 중요하게 생각한 유월절 직전이었다. 방방곡곡에서 많은 유대인들이 예루살렘에 몰려드는 이 시기를 예수가 특별히 택했다는 설도 있다.

대사제를 중심으로 하는 지도자들은 무슨 일이 있어도 축제 전에 예수를 죽일 모의를 했으며 예수도 그것을 눈치 채고 있었다. 예수가 예루살렘에 들어간 것은 일요일이었다. 사람들에게 설교할 수 있었던 것은 불과 5일간이었다.

사제장 등은 목요일 밤에 예수를 붙잡아 로마 총독 빌라도를 재촉하여 적어도 금요일에는 십자가에 매달아 처형시켜 버리고자 하였다. 그 다음날 토요일은 안식일이자 유월절이므로 처형을 할 수 없었다. 지체하면 어떤 방해가 들어올지 모르므로 사제장 등은 일을 무척 서둘렀다. 지금은 민중의 마음이 예수로부터 떠나 있지만 앞으로 어떻게 돌아갈지 예측할 수도 없었다.

지배자인 로마측도 유월절 전후에는 특히 신경을 곤두세우고 있었다. 매

■ **최후의 만찬**
밀라노의 산타마리
아델레그라치에 교
회. (레오나르도 다
빈치)

년 이 시기가 되면 유대인의 민족의식이 고조되어 곧잘 반로마 소동이 일어나곤 했기 때문이었다.

예수와 12사도의 '최후의 만찬'

유대에서는 매주 목요일 밤에 사제들이 회식하는 습관이 있었다. 죽을 때가 눈앞에 다가온 것을 직감하고 있던 예수에게는 앞에서 말한 이 '목요일 밤의 회식'이 특별한 의미를 지니고 있었으나, 제자들은 사태가 거기까지 절박해 있는 줄은 아직 느끼지 못하고 태평스레 앉아 있었다.

이것이 '최후의 만찬'이다. 예수는 제자들 중 누군가가 자기를 배신하려 하고 있다고 말하여 제자들을 깜짝 놀라게 하였다. 죽음을 바라보고 있던 예수

유럽에 빠지는 즐거운 유혹②

의 감각은 면도날처럼 날카롭고 밝아 제자들 마음의
움직임을 환하게 꿰뚫어보고 있었던 것이다.

이때 "나의 몸이다." 하고 빵을 주고 "나의 피다."
하고 포도주 잔을 준 것이 성찬식의 시작이다.

예수가 피눈물을 흘린 겟세마네 동산

만찬 후 스승과 제자들은 도성 밖의 겟세마네 동산
으로 갔다. 사제장들의 부하에게 습격당하는 것을 두
려워했던지 예루살렘에 온 후로 예수와 제자들은 밤이
되면 도성 밖에 나가 있었다. 겟세마네 동산은 예루살
렘 성벽의 동쪽 올리브산 기슭에 지금도 남아 있으며
올리브의 고목이 울창하게 서 있다.

겟세마네 동산에서 예수가 슬픔에 잠겨 하느님께
기도하는 대목은 신자가 아니더라도 눈물 없이는 읽
을 수 없다. 신약성서에서 가장 감동을 자아내게 하는
장면이다. 그러나 제자들은 그때 일의 중대함을 깨닫
지 못하고 스승의 고민도 아랑곳없이 몇 번 깨워도 잠

■ 올리브 고목이 울창한
  겟세마네 동산

■ 12사도

속에 빠져 들어가곤 하는 것이
었다.

대체로 제자들은 갈릴리의
시골뜨기들이라 무식했으므로,
예루살렘에 나오니 주눅이 들
어서 예수의 그 무엇도 두려워
하지 않는 과감한 행동을 따라
가지 못했던 것 같다. 그리고 복
음서의 내용을 짐작해 보면 '될
대로 되라' 는 반 자포자기적인
심정이었다는 생각조차 든다.

재판에 회부된 예수

그러는 사이에 배신자 유다를 앞세우고 사제장들이
보낸 많은 사나이들이 칼과 몽둥이를 들고 들이닥쳤
다. 아직도 밤이라 사방은 어두웠다.

사람이 틀리지 않도록 미리 의논해 놓은 대로 유다
는 예수에게 입을 맞추며 "선생님, 안녕하십니까?" 하
고 인사하였다. 그것을 신호로 사나이들은 예수에게
달려들어 붙잡았다.

이때 베드로가 칼을 뽑아 대사제의 부하들에게 대
항하였다. 예수는 "칼을 도로 칼집에 꽂아라. 칼을 쓰
는 사람은 칼로 망하는 법이다." 하고 타일렀다.

대사제는 밤사이에 예수를 재판에 붙여 하느님을
모독한 죄를 덮어 씌웠다. 그리고 날이 새자 곧 로마
총독 빌라도에게 넘겼다. 유대인은 재판권을 인정받

유럽에 빠지는 즐거운 유혹②

고 있었으나 사형집행권은 없었기 때문이었다.

또 신을 모독한 죄는 로마법에서는 사형이 되지 않으므로 "예수는 유대인의 왕이라 칭하면서 로마에 대해 반역을 기도했다."고 죄상을 뒤집어 씌웠다.

빌라도는 예수를 심문해 보고 죄가 없다는 것을 금방 알았고 석방해 주려고 했으나, "제사장 등에게 선동된 사람들은 더욱 악을 써가며 '십자가에 못박으시오!' 하고 외쳤다. 빌라도는 그 이상 더 말해 보아야 아무런 소용도 없다는 것을 알았을 뿐 아니라, 오히려 폭동이 일어나려는 기세가 보였으므로…… 예수를 채찍질하게 한 다음 십자가형에 처하라고 내주었다(마태복음 제27장)".

재판의 진상은 불명이라는 학자의 주장

예수의 재판에 대한 복음서의 내용은 일단 위와 같지만, 자세히 검토해 보면 불가해한 점이 많으므로 사실 그러했는지는 의문이라는 것이 대부분 학자들의 의견이다.

초기 기독교도들은 로마 제국이라는 강대한 정치권력에 마음을 쓰고 있었다. 되도록 로마인이 반감을 갖지 않도록 하여 평온한 가운데 포교를 하고 싶다는 생각이었다. 이 점은 복음서를 만드는 데 있어서도 "예수를 처형한 장본인은 대사자 등 일부 유대인들이었으며, 로마 총독 빌라도 때문이 아니다. 사실 빌라도는 예수를 살리고 싶어 했다."는 논지를 기록한 것에서도 알 수 있다.

잔혹하기 짝이 없는 십자가의 처형

빌라도가 예수 처형의 결정을 내린 경위는 실제로 어떠했느냐 하는 것은 차치하고 처형은 그날로 집행되었다.

산 인간의 손발을 대못으로 십자가에 박아 효시해 두는 잔혹한 처형법은 로마인이 정치범이나 주인을 살해하고 도망친 노예에게 적용하던 것이었다. 십자가에서의 죽음은 모든 죽음 가운데서 가장 비참한 것으로 간주되었다. 체중이 걸리기 때문에 살이 찢어지면서 끊임없는 격통이 이어졌고, 출혈과 뜨거운 햇빛에 의해 심한 갈증이 일어나 처형되는 자를 가책했다. 체력이 있는 자일수록 오래 괴로워하여 나흘이 지나고 닷새가 가도 죽지 못하고, "죽여주시오, 죽여주시오!" 하고 애원했다고 한다.

예수의 경우, 자기가 '책형'에 처해질 십자가를 자기가 지고 빌라도의 관저에서 처형장이 있는 골고다의 언덕까지 걸어가야 했다. 십자가는 무게가 적어도 70킬로그램은 되었던 것으로 추정된다. 철야의 심문 끝에 채찍질을 당하고 가시관을 쓰고, 무거운 십자가를 지고, 언덕길을 올라가야 했던 예수는 도중에 몇 번이나 쓰러졌다. 그 길은 지금도 비아 돌로로사^{고난의}길로서 예루살렘의 구시가에 남아 있다.

형을 집행한 로마의 병사는 그래도 가엾이 여겼던지 십자가에 매달린 예수의 오른쪽 옆구리를 창으로 찔러 많은 출혈로 빨리 죽게 해 주었다.

그 때문에 예수는 반나절 경에 절명했다.

막달라 마리아 앞에 나타난 예수

복음서에 의하면 제사장 등은 빌라도에게 다음과 같이 청원하였으며 빌라도는 이를 들어주었다.

"그 거짓말쟁이가 살아 있을 때에 사흘 만에 자기는 다시 살아난다고 말한 것을 저희가 기억하고 있습니다. 그러니 사흘이 되는 날까지는 그 무덤을 단단히 지키라고 명령하십시오. 혹시 그의 제자들이 와서 시체를 훔쳐다 감추어 놓고, 백성들에게는 그가 죽었다가 다시 살아났다고 떠들지도 모릅니다." 하고. 그런데 다음날은 안식일이라 아무것도 해서는 안 되었다. 사흘째인 일요일에 예수의 유해를 깨끗이 닦아 청정하게 하려고 막달라 마리아 등이 무덤에 갔다. 무덤 속은 텅 비었고 유해에 입혔던 옷이 남아 있을 뿐이었다. "어떻게 된 일인가?" 하고 막달라 마리아가 어리둥절해 하고 있을 때 뜻밖에도 예수가 그 앞에 모습을 나타냈다.

"예수께서 '마리아야!' 하고 부르시자, 마리아는 예수께 돌아서서 히브리말로 '라포니(선생님이여)!' 하고 불렀다. 예수께서는 마리아에게 '내가 아직 아버지께 올라가지 않았으니, 나를 만지지 말고, 어서 네 형제들을 찾아 가거라……' 하고 일러주셨다 (요한복음 제20장)."

■ **놀리메탄게레**
로마네스크의 기둥머리.
소류의 대성당.

복음서에 적혀 있는 예수 그리스도 부활의 정경은 대체로 이와 같으며, 옛날부터 많은 그림, 모자이크, 조각, 스테인드글라스 등에 그려져 있다. 특히 막달라 마리아가 예수의 출현에 놀라 저도 모르게 매달리려 하는 것을 예수가 말리고 있는 광경은 '놀리메탄게레'라고 하여 온갖 감동적인 그림의 테마로 되었다. '놀리메탄게레'는 라틴어로 "나에게 닿지 말라."는 뜻이다.

그 밖에 부활한 예수 그리스도는 여러 기회에 제자들 앞에 모습을 나타냈다고 복음서는 쓰고 있다.

부활의 신앙에서 기독교 탄생

예수가 붙잡혀서 처형될 때는 그저 달아나는 데 정신이 없었던 제자들도 이윽고 "예수는 하느님의 아들, 구세주 그리스도로서 사흘 만에 되살아났다."고 굳게 믿게 되었으며 예수의 동생 야곱과 수제자 베드로 중심의 교단이 예루살렘에 생겼다.

처음에는 유대인 사회의 테두리 안에서의 교단이었으나, '하느님의 아들'이라는 신조는 유대교로서는 절대로 받아들일 수 없는 것이었으므로, '예수를 하느님의 아들, 구세주 그리스도'라고 생각하는 사람들의 교단은 유대교와는 전혀 별개의 것이 되지 않을 수 없었다. 이것이 기독교였다.

■ **부활**
(라파엘로,
1483~1520)

지중해 세계가 로마 제국에 의해서 통일되고 사람의 왕래는 빈번했으며, 제국의 동반부에서는 그리스어가 서반구에서는 라틴어가 공통어로서 널리 쓰이고 있었다는 호조건 아래 기독교는 유대에서 시리아 전역, 소아시아, 그리스, 이집트, 이탈리아 등으로 퍼져나갔다. 예수와 제자들이 일상 쓰고 있던 말은 아람(Aram)어였으나 신약성서는 그

유럽에 빠지는 즐거운 유혹②

리스어로 편찬되었다.

제자들은 사명감에 불타서 박해를 조금도 아랑곳하지 않고 목숨을 내걸고 선교에 힘썼다. 베드로가 로마에서 순교한 것을 비롯하여, 본거지 예루살렘에서 혹은 먼 지역의 땅에서 순교한 제자와 그 손제자들의 수는 엄청나게 많았다.

스테판의 순교와 바울의 결심

기독교 박해의 급선봉은 처음에는 유대인이었다.

순교자의 제1호는 스테판으로 유대인에 의해 예루살렘에서 '돌로 쳐 죽임' 을 당했다. '돌로 쳐 죽임' 은 종교법에 대한 유대인의 전통적인 처형법으로 많은 사람들이 몰려들어 처형되는 자가 숨이 끊어질 때까지 돌을 던져서 죽이는 잔인한 방법이었다. 아울러 빈의 성 슈테판 대성당은 이 순교자 제1호 스테판을 모시는 곳이다.

기독교의 교의 확립에 위대한 역할을 한 사울나중에 바울로 개명도 유대인이며 처음에는 기독교 박해의 급선봉의 한 사람이었다. 그가 다마스쿠스의 교외에서 전격(電擊)을 맞은 것 같은 느낌을 받고 자기에게 말을 건네는 예수의 모습을 보았다고 믿고부터는 박해에서 완전히 전환하여 기독교의 열렬한 선교자가 되었다.

이 '바울의 개심' 의 정경도 흔히 그림에 그려지고 있다. 스테판이 '돌로 쳐 죽임' 을 당하면서 평안에 찬 순교를 이룩하는 숭고한 모습은 바울이 개심을 하는 데 내적 동기가 되었다.

소아시아의 타르수스에서 유복한 가정에 태어나 자라난 바울은 유대인의 성전(聖典)과 율법은 말할 것도 없고, 그리스 철학 등에 대해서도 높은 교양을 지니고 있었다. 무학이었던 예수의 직제자들과는 크게 달랐다. 바울은 그 교양을 충분히 발휘하여 기독교 교의의 근본을 확립하려고 노력하였다. 그래서 "기독교의 교조는 예수냐, 바울이냐?" 하고 묻는 종교 사학자가 있을 정도다.

바울의 사상은 신약 성서에 수록된 그의 편지 속에 소리 높이 개진되어 있다. 그 대표 격이 '로마인들에게 보낸 편지' 이다.

기독교도는 왜 박해 당했는가?

유대인은 서기 70년에 로마에 대해 대반란을 일으켰으며, 그 결과 철저하게 진압되고 팔레스티나에서 뿌리 채 추방되어 사방으로 흩어졌다. 그때 약 7만 명의 유대인 포로가 노예로서 로마에 끌려가 콜로세움 등의 건설에 사역되었다.

로마 황제에 의한 기독교도의 박해는 그 이전부터 시작되었다. 그렇다면 왜 기독교도는 박해를 당했는가? 로마 제국은 유피테르를 최고신으로 삼고 있는 로마의 전통적인 여러 신들에 대한 신앙을 국교로 삼고 있었다. 그리스의 신들은 그 속에 동화되었다. 그리고 아우구스투스 시대부터 황제를 현인신(賢人神)으로서 신들의 열에 끼웠으며, 제국의 각지에 황제를 모시는 신전이 세워졌다. 그 밖에도 이집트 기원의 이시스 여신의 신앙이라든가, 시리아 기원의 미트라교 등도 제국 안에 퍼져 있었으나, 이것들은 원래 다신교적이어서 로마의 신들이나 황제도 아울러 예배하는 데 인색하지 않았으므로 탄압받지 않았다.

그런데 기독교도는 여호와를 유일 절대의 신으로 섬기는 신조 때문에 로마의 신들이나 황제를 예배하는 것을 거부했다. 그래서 권력층으로부터 위험시되고 박해를 받은 것이다. 초기의 기독교는 무언가 수수께끼의 사교(邪敎)처럼 여겨졌다. "남의 아기를 유괴해 와서, 예배 때 그 산 피를 마신다."는 따위의 소문도 떠돌았다. 붉은 포도주를 '하느님의 아들 그리스도의 피' 라며 마시는 성찬식이 이같이 어이없는 소문의 근원이 되었던 모양이다.

유럽에 빠지는 즐거운 유혹②

천년의 역사, 그리스 정교

그리스, 소아시아, 발칸 제국, 러시아 등에서 만나는 신비한 종교미의 원천

로마 제국의 우산 아래서 퍼진 기독교

그리스 정교는 우리에게는 비교적 잘 알려지지 않았다. 그러니만큼 과거 천 수백 년에 걸친 정교 문화권이었던 지역을 여행할 때는 정교에 대한 예비지식이 있으면 여행의 성과가 한층 커질 것이다.

정교란 무엇이냐 하는 이야기는 먼저 기독교의 발전사에서 시작해야 한다. 만일 예수가 500년 전 또는 500년 후에 태어났더라면, 기독교는 미력한 한 지방 종교로서 사라져 버리고 결코 세계적인 종교는 되지 않았을 것이라는 설이 있다. 기원전 500년경은 서아시아의 혼란기였고 서기 500년경도 서로마 제국 멸망에 이은 지중해 세계의 혼란기였기 때문이다.

그런데 예수와 그의 제자, 또한 그의 손제자들이 활약한 1, 2세기는 로마 제국의 황금시대의 기초였다. 로마의 위력에 의해 전 지중해 세계에 평화가 확립되었으며 사람의 왕래는 매우 자유롭고 안전했다. 동쪽의 시리아로부터 서쪽으로는 이베리아 반도에 이르기까지 사람들은 아무 걱정 없이 여행할 수 있었다. 이런 일은 그 후에도 그 전에도 없었다.

언어의 측면에서도 로마 제국의 동반부에서는 그리스어가, 서반부에서

■ 그리스 정교의
  성당 내부

는 라틴어가 공용어로서 널리 사용되고 있어서 모든 민족이 벽을 넘고 서로 사상을 전달할 수 있었다.

이와 같이 역사상 단 한 번밖에 일어나지 않은 호조건 아래서 기독교는 단기간에 로마 제국 전역에 퍼져 나갔던 것이다.

로마와 콘스탄티노플의 싸움

당초 기독교의 5대 중심지는 예루살렘, 알렉산드리아, 안티오키아, 콘스탄티노플, 그리고 로마였다.

로마 시대 전의 헬레니즘 시대에는 알렉산드리아를 수도로 하는 프톨레마이오스 왕국과 안티오키아를 수도로 하는 셀레우코스 왕국이 동지중해의 2대 세력이었으며, 이 두 도시는 로마 시대에 들어와서도 여전히 콘스탄티노플과 로마와 어깨를 나란히 하는 유력한 도시였던 것이다.

7세기에 들어서자 아람인의 발흥이 이 지도의 색깔을 바꾸어 놓았다. 예루살렘, 알렉산드리아, 안티오키아는 아랍인에게 점령되어 기독교의 대중심지들 가운데 하나라는 지반을 잃고 말았다. 남은 것은 콘스탄티노플과 로마를 중심으로 하는 2대 세력이었다. 전자는 그리스 정교, 후자는 로마 가톨릭이 되어 오늘에 이르기까지 기독교의 큰 흐름의 두 가닥을 이루고 있다.

싸움으로 결별한 주도권 다툼

그리스 정교(orthodox)에서는 '정통'을, 가톨릭에서는 '보편'을 강조하였다. 서로가 자기야말로 기독교의 주류이며 최고 지도자라고 주장하고 있는 것으로 사실 양자의 주도권 싸움은 장장 수백 년을 계속해 오다가 1054년에 결정적으로 결별하기에 이르렀다.

그리스 정교와 로마 교황이 악수하고 화해한 것은 아주 근년에 와서의 일이다.

예수는 생전에 제자들 사이에 아무런 계층적 구별을 만들지 않았다. 교단이라는 조직이 만들어지고 지도 명령 계통이 생긴 것은 예수가 죽은 뒤였다. 따라서 교단에 머리가 둘 생겨 서로 자기가 위라고 우겨봐야 결국은 억지 주장에 지나지 않았던 것이다.

그리스 정교는 발칸에서 러시아로

그리스 정교는 그 후 발칸 반도에서 러시아로 펴져 나갔지만, 정작 본고장 쪽은 이슬람교인 아랍에 이어 터키에 잠식되어 1453년에는 마침내 콘스탄티노플도 오스만 투르크에 점령되고 말았다.

원래 이슬람교도는 자기의 지배 아래 들어온 유대교도와 기독교도에 대해 같은 '계시의 백성'으로서 매우 관대한 정책을 폈다. 이슬람교도가 정복지의 기독교도를 박해했다는 것은 유럽의 그리스 정교도 측의 선전이며 사실과 다르다.

오스만 투르크도 그리스 정교를 오히려 보호하는 태도를 취하여 그리스 정교의 총주교가 계속 이스탄불에서 재위(在位)하는 것을 인정하여 오늘에 이르고 있다. 다만 그리스 국민은 이 도시를 이스탄불이라고 부르지 않고 지금도 여전히 완고하게 콘스탄티노플이라 부르고 있다.

로마 가톨릭이 압도적으로 우위

로마 가톨릭 쪽은 지난날의 로마 제국의 경계를 넘어 켈트인과 게르만인들에게도 가르침을 넓혀 나중에는 신대륙에까지 넓혀 나갔다. 현재의 세력 분포를 봐도 그리스 정교와는 비교할 수 없을 정도가 되었다.

그 동안 프로테스탄트가 로마 가톨릭에서 떨어져 나갔지만 그리스 정교에 대한 우위는 흔들리지 않았다.

오늘날 전 세계의 기독교도 가운데 약 60퍼센트가 로마 가톨릭, 약 24퍼센트가 프로테스탄트, 약 14퍼센트가 그리스 정교세르비아, 불가리아, 루마니아, 러시아 정교 포함, 나머지 약 2퍼센트가 기타 종파라고 한다.

이슬람의 세력이 뻗어 온 후에도 서아시아에는 아르메니아파와 시리아파, 이집트와 이디오피아에는 콥트파 등 기독교의 세 종파가 존속했다. 그리스 정교와 이들 세 종파를 합쳐서 동방교회라고 부른다. 종파가 다르고 신조의 세부 사항에서는 다른 점이 있어도 전례(典禮)라든가 종교 미술 등의 면에서는 다분히 공통성이 인정되기 때문이다.

이에 대해 로마 가톨릭을 서방교회라고 부른다. 우리에게 친숙한 것은 이 서방교회 쪽이다.

정교에서는 국별로 교회의 자립화가

서방 교회에서는 로마 교황이 지상권(至上權)을 갖고 세속의 국경을 넘어 모든 나라의 가톨릭 교회를 지배하고 있다.

이에 대해 그리스 정교에서는 콘스탄티노플 총주교의 권위가 그리 대단치 않으며, 9세기경부터 각국별로 교회의 자립화가 시작되었다. 세르비아 정교, 불가리아 정교, 러시아 정교, 나중에는 루마니아 정교 등이 생겼고, 저마다의 나라에 총주교를 두게 되었다. 그리스 정교에서는 비잔틴 제국 황제를 우두머리로 한다는 주의를 채택하고 있었으므로, 비잔틴 제국과 정치적으로 대립하게 된 세르비아 왕국이나 불가리아 왕국이 교회의 자립화를 추진한 것은 오히려 당연한 일이었다.

그러나 전례, 성당 건축, 종교 미술 등에 있어서는 본가인 그리스 정교의 것을 그대로 이어받고 있었기 때문에 우리의 눈으로 보면 본질적으로 모두 똑같다. 다만, 몇 백 년이라는 긴 시간의 흐름 속에서 저마다 민족적인 특색이 첨가되었을 뿐이다. 그래서 서구 제국이나 동양에서는 이들을 모두 하나로 합쳐서 그리스 정교, 혹은 간단히 정교라고 부르는 것이 보통이다. 정교의 독특한 벽화라든지 이콘의 아름다움을 논할 때는 그 편이 합리적이다. 특별히 민족적인 특색을 이루는 경우에만 세르비아 정교라든가 러시아 정교라고 말하는 경우가 많다.

'모든 것을 두루 뭉쳐서 그리스 정교라고 부르는 것'은 서구 제국이나 동양에서 제멋대로 부르고 있는 것이며 현지 사람들은 그렇지 않다. 이를테면, 불가리아 성당에서 "이 그리스 정교의 벽화는 아름답다."고 하다가는 당장 그 자리에서 정정당한다. "이것은 그리스 정교가 아니라, 불가리아 정교의 벽화입니다." 라고.

고난의 시대에는 정교가 민족의 상징

14세기 후반부터 15세기에 걸쳐서 러시아 이외의 정교 국가들은 깡그리 오스만 투르크오늘날의 터키에 정복당하는 비운을 맞았다. 투르크 군 침공의 정면에 마주서게 된 정교 제국과 헝가리는 서구 여러 나라의 지원을 받아 몇 번이나 투르크 군과 결전을 벌였으나 번번이 대패하고 말았다.

1526년 모하치의 싸움에서 다시 대패한 후로 헝가리의 대부분도 터키에 점령되었고, 1529년에는 빈이 포위 공격을 받는 형편이었다. 그 후 오스트리아의 합스부르크 집안의 권토작전이 서서히 주효하여 헝가리 근처까지는 탈환했지만 정교 제국은 수백 년에 걸쳐 터키의 지배 아래 있어야 했다.

서구 제국의 지원을 받아 정교 국가가 터키로부터 완전 독립을 이룩한 것은 그리스가 가장 빠른 1829년이었고, 불가리아, 루마니아, 세르비아, 알바니아 등은 19세기 말에서 19세기 초에 걸쳐서였다.

　이와 같이 오래 계속된 터키 지배의 시대에 각 민족이 자기들의 고유문화의 상징으로 삼고 민족 동질성의 거점으로 삼은 것은 불가리아에서는 불가리아 정교, 세르비아에서는 세르비아 정교 등이었다.

친 터키적인 총주교와 결별

　그리스에서도 사정은 같았으나 정교의 본거지이기 때문에, 복잡한 경과를 거쳐 '그리스 민족을 위한 그리스 정교' 혹은 '협의의 그리스 정교'라고 할 만한 것이 조성되기에 이르렀다. '광의의 그리스 정교'의 최고봉인 콘스탄티노플 총주교는 대대로 오스만 투르크 제국 정부의 극진한 보호를 받아 극히 친 투르크적이었으며, 또 민족의 울타리를 초월하여 모든 정교의 최고 지도자라는 의식이 강했다. 그 때문에 그리스인들 사이에 고조된 민족주의에 대해서는 매우 냉담했다. 게다가 투르크 지배하의 여러 나라에서 민족독립운동이 왕성해지고 정교의 성직자들이 음으로 양으로 그 리더가 되는 사태가 벌어지자, 콘스탄티노플 총주교는 터키 정부의 뜻을 받들어 각국의 정교와 민족독립운동을 분리시키는 정책에 협력하게 되었다.

　그런 까닭으로 민족독립을 지향하는 그리스인은 동포이면서도 콘스탄티노플 총주교와는 결별을 하고 '그리스 민족을 위한 그리스 정교'의 길을 택하지 않을 수 없었다. 그러나 교의나 전례 등에는 조금도 다름이 없었다.

　그리고 민족 독립운동과 정교를 갈라놓기 위해 콘스탄티노플 총주교가 파견한 그리스인 성직자는 불가리아, 세르비아 같은 데서는 심한 반발의 표적이 되었으며 '우리의 적, 터키의 개'라고 불리기까지 했다.

　지금도 불가리아인이 불가리아 정교가 그리스 정교와 함께 다루어지는 것을 싫어하는 배경에는 이와 같은 역사와 관련이 있다.

열렬한 신앙이 살아있는 그리스

그리스 국민의 그리스 정교에 대한 생각은 지금도 거의 열광적이라고 할 수 있을 정도다. 그리스인과 종교에 관한 이야기를 시작하면, 그들은 잡담을 나눌 때와는 딴판으로 정색을 하고 핏대를 세운 채 반론한다. 이쪽이 저도 모르게 주춤해질 정도다. 그것은 400년 동안이나 오스만 투르크의 지배를 받아 민족의 긍지를 짓밟힌 그리스인의 원한이 길러낸 정열인데, 이제 완고한 전통으로 굳어서 독립된 지 160년이 지난 지금도 도무지 식을 줄을 모른다.

그리스에서는 국가, 공공 단체, 대학 등의 중요한 식전은 먼저 그리스 정교에서 나온 고위 성직자의 축복이 있어야 시작된다. 고위 성직자의 수위는 아테네 시 주교^{미트로폴레오스}인데 이것이 '협의의 그리스 정교'의 최고봉이다.

■ 불가리아 민족
문화를 지켜온
릴라 수도원

콘스탄티노플 총주교는 표면상으로는 최상위에 있는 것으로 인정되고 있지만, 이에 대한 그리스 국민의 태도는 냉담 바로 그것이다. 전 세계의 정교를 대표하여 어떤 국제회의에 참석한 콘스탄티노플 총주교가 "매우 터키 쪽으로 기운 그릇된 발언을 했다."는 따위의 뉴스가 그리스 신문에 대서특필되곤 한다.

신앙의 변천과는 별도로 전해진 문화재

그리스가 수백 년이나 터키의 지배를 받는 동안에 정교가 민족 문화의 상징이며 민족 동질성의 한 지점이었다는 것, 그리고 터키와의 피비린내 나는 독립투쟁에서 정신적인 주춧돌이 되었다는 것은 세르비아, 몬테네그로, 마케도니아이상은 오늘날의 유고슬라비아, 불가리아, 루마니아에 있어서도 마찬가지였다.

그러나 이들 민족은 제2차 대전 후 사회주의화의 큰 파도에 씻기는 바람에 한때는 종교가 거의 무의미한 적이 있었다. 그러기에 열광적으로 종교를 지지하고 있는 그리스인의 두드러진 모습이 더욱 눈에 띄는지도 모른다. 그리스 이외의 나라에서는 이제 정교는 전형적인 할아버지, 할머니의 종교로 되었다.

그래도 이들 나라에는 천년 이상의 역사를 가진 정교의 문화유산이 풍부하게 전해지고 있다.

종교에 스며드는 문화의 힘

PECTPAH는 어떻게 발음되나? 펙트파? 아니면 레스트란으로?

문화의 기초에까지 미친 깊은 영향

우리가 한 마디로 동구라고 부르는 지역은 역사적으로 두 가지 다른 문화권에 속해 왔다. 폴란드, 체코슬로바키아, 헝가리, 유고슬라비아 북부가 가톨릭 문화권, 유고슬라비아 중남부, 불가리아, 루마니아는 정교 문화권이다.

좁은 의미의 동구에 들어가지 못하는 지역에서는 그리스와 러시아가 정교 문화권의 중요 멤버인 것은 두말할 것도 없다.

가톨릭 문화권과 정교 문화권에서는 단지 종교와 관련된 건축 양식뿐만 아니라 미술 공예에서도, 그리고 문화의 심층에서도 큰 차이가 있다. 중세와 근세에 걸쳐 문화의 전달자와 담당자가 주로 종교가였으므로 종교의 차이가 문화 전반에 큰 영향을 미치게 된 것이다.

정교와 더불어 전해진 키릴 문자

유고슬라비아 중남부, 불가리아, 구 소련을 여행하고 있으면, 흔히 'PECTPAH'라고 쓴 간판을 보게 된다. 당신은 이것을 뭐라고 읽겠는가?

펙트파? 아니면 레스트란?

금방 레스트란이라고 읽을 수 있다면 당신은 벌써 소련 동구통이다.

P는 로마 문자의 피가 아니라 그리스 문자의 ρ(로)에 유래하고, 음가는 로마자의 R과 같다. H는 로마자의 에이치가 아니라 그리스 문자의 ν(뉴)에 유래하며, 음가는 로마 문자의 N과 같다. 그래서 PECTPAH는 펙트파가 아니라 레스트란이 되는 것이다.

현재 세르비아어, 불가리아어, 우크라이나어, 러시아어 등에서 사용되고 있는 이 계통의 문자의 기본이 된 것은 정교의 성직자였던 키릴로스가 9세기 중엽에 만든 키릴 문자이며, 정교와 더불어 널리 발칸 반도에서 러시아에까지 전해졌다.

루마니아에서도 약 천 년에 걸쳐 키릴 문자를 사용해 왔으나, 1860년 터키로부터 완전 독립을 이룩하자 즉시 키릴 문자를 폐지하고 로마자로 바꾸어 버렸다. 로마인의 자손임을 자부하는 루마니아인이 "앞으로는 문화적으로도 서쪽 방향으로 가겠다."는 것을 내외에 천명한 것이다.

전도를 위한 열의로 만든 새 문자

키릴로스는 슬라브인들 사이에 열성적으로 정교를 넓히려고 헌신한 인물이다. 그 무렵 슬라브어에는 아직 문자가 없었으므로 정교의 성직자들은 그리스어로 씌어진 성서와 기도서를 사용했는데, 그래서 민중은 뭐가 뭔지 알아들을 수가 없었고 포교는 제대로 잘 되지 않았다.

그래서 키릴로스는 그리스 문자를 기초로 슬라브어를 표기하는데 편리한 문자를 개발하여 슬라브어 성서와 기도서를 만들었다. 어차피 민중의 대부분은 읽고 쓰지 못해서 성직자들이 읽어 주는 성서와 기도서를 들어야 했지만, 그래도 뭐가 뭔지 알아듣지 못하는 그리스어와는 달리 슬라브어라 잘 알아들을 수 있어서 효과가 매우 컸다.

학자의 연구에 의하면, 키릴로스가 만든 것은 글라골 문자라고 부르는

유럽에 빠지는 즐거운 유혹②

것으로 거기서 다시 파생한 것이 지금까지 전해지고 있는 키릴 문자라고 한다. 그러나 슬라브인에게 처음으로 문자를 준 그의 이름은 '키릴로스의 문자', 곧 키릴 문자로서 언제까지나 역사에 남게 되었다.

황제를 계승하려 했던 모스크바 대공

가톨릭 문화권에 비하면, 정교 문화권은 정치적으로 불운했다. 중심이어야 할 비잔틴 제국은 이슬람교도인 아랍인과 터키인에게 영토를 잠식당하여 쇠퇴하다가 1453년 마침내 멸망하고 말았다. 그것에 전후하여 발칸 반도의 정교 제국도 잇달아 터키에 정복되었다는 것은 앞에 적은 바와 같다.

그 후에 정교권에서 독립국으로 남은 것은 러시아모스크바 대공국뿐 이었다. 모스크바 대공 이반 3세는 비잔틴 마지막 황제의 질녀인 소피아를 대공비로 맞이하였다. 그리고 정교의 우두머리로서 비잔틴 황제의 법통을 계승한다면서 황제차르의 칭호와 비잔틴 황제의 '쌍두 독수리' 문장을 사용하기 시작했다.

그러나 이반 3세가 할 수 있었던 것은 귀족의 전횡을 누르고 국내의 통일을 추진하는 정도였으며 러시아 이외의 정교권에까지 영향력을 행사한다는 것은 생각지도 못할 일이었다. 결국 러시아 정교는 독자적으로 되어갔고 정교권 전체로서는 점점 더 뿔뿔이 흩어지는 상태가 되었을 뿐이다.

유럽 문화는 결정적인 서고동저(西高東低)로

그리고 얼마 안 있어서 가톨릭 문화권에서는 인문주의, 종교개혁, 자연과학 자상의 발흥 등이 시작되었고 서구 사회에 격변이 일어났다.

원래 가톨릭 문화권에서 저작은 모두 라틴어로 이루어지는 것이 습관이었으며, 이들 새로운 사상은 라틴어라는 공통의 바람을 타고 속속 가톨릭 문화권의 각국에 번져 나갔으나 정교 문화권에는 별로 전해지지 않았다. 정교 문화권에도 라틴어를 해독하는 사람이 전혀 없지는 않았으나 그 수가 가톨릭 문화권에 비하면 문제도 되지 않았다.

게다가 정교 문화권의 대부분은 터키에 목덜미가 눌려 있었고, 유일한 독립국인 러시아도 아직 후진 상태에 있어서 새로운 문화를 왕성하게 흡수할 기운이 아니었다. 그 동안에 서구는 비약적인 발전을 이루어 마침내 유럽 문화는 서고동저(西高東低)의 형태를 이루게 되었다.

유럽이라는 말을 듣고 우리들이 금방 떠올리는 이미지는 실은 가톨릭 문화권의 그것이다^{이 경우에는 가톨릭에서 가지가 갈라진 프로테스탄트의 문화권도 포함된다}. 바꾸어 말하면, 우리들은 지금까지 정교 문화권을 거의 안중에 두지 않았던 것이다.

이코노스타시스와 이콘

이콘에 간직된 민중의 뜨거운 염원, 우리나라에서는 단순한 미술품 취급

깊은 종교적 감명을 주는 정교의 교회

교회의 건축이나 예배의 형식만을 한정해서 보더라도 동서의 차이는 매우 크다. 정교의 교회 안에 들어가면, 우리가 늘 보아 온 서구의 교회와는 전혀 느낌이 달라 다소라도 교회에 관심을 가진 사람이면 당장 호기심이 솟게 마련이다.

당내는 장중하게 어둑어둑하고, 천장에는 구리나 은으로 만든 훌륭한 등불이 늘어져 있다. 회중석 정면에는 목조와 석조의 칸막이가 있고, 제단은 그 배후에 숨어 있어 회중석에서는 보이지 않는다. 이 칸막이를 이코노스타시스(聖畫璧)라고 하며, 거기에는 크고 작은 이콘이 여러 장 걸려 있다. 여기서 이콘은 그리스도, 성모, 성인 등을 판에 그린 성화(聖畫)를 가리킨다.

경건한 신자들이 예배 시간 이외에도 혼자서 교회에 찾아와 이코노스타시스 앞에 무릎을 꿇고 열심히 기도하는 모습을 흔히 본다. 이교도인 우리도 깊은 종교적 감명을 느낄 수 있는 분위기이다.

이코노스타시스에 걸려 있는 여러 이콘에 모두 기도를 드리고 입을 맞추

■ **14세기의 이콘**
아테네의 비잔틴
박물관

고 가는 사람도 있다. 이콘에 입을 맞출 수 있도록 어
머니나 할머니가 아이를 두 손으로 들어올려 주는 광
경도 미소를 자아내게 한다.

이코노스타시스를 성화벽이라고 부르는 까닭

예배 때는 많은 신자가 와서 불을 밝히고 이코노스

타시스 앞에 무릎을 꿇는다. 그리스 정교의 성직자는 수염이 덥수룩하며 검은 긴 옷을 입고 검은 모자를 쓰고 있다.

예배의 의식은 장중하기 짝이 없다. 성직자만이 이코노스타시스의 통용문으로 들어가 제단 앞에 갔다가 다시 회중 앞으로 돌아온다. 이코노스타시스에서 안쪽은 성직자만이 들어갈 수 있는 성역이라 말할 수 있다. 이코노스타시스란 '이콘이 머무는 곳'이라는 정도의 뜻인데, 성역의 경계를 이루고 있으므로 우리는 성화벽이라고 옮기기도 한다.

열심히 향을 태우는 것도 정교 예배의 큰 특징이다. 성직자가 뭉클뭉클 향연이 솟아오르는 흔들이 향로를 들고 다니며 성역 안을 구석구석 향연으로 채운 다음 회중석으로 나와서 신자 한 사람 한 사람을 향해 향연을 끼얹는다. 이교도인 줄 아는 견학자들에게도 고루 향연을 뿌려 준다. 향로에는 방울 같은 것이 달려 있어서 성직자가 향로를 흔들 때마다 딸랑딸랑 소리가 난다.

향로를 흔들면서 두세 번 순회를 하고 나면 나중에는 당내에 온통 향연이 가득 차서 숨이 답답할 지경이 된다. 예배가 끝나고 밖에 나간 뒤에도 향이 옷에 배어 종일 빠지지 않는다.

가톨릭에서도 흔드는 향로를 사용하지만 정교와는 도저히 비교가 되지 않는다.

우상 숭배에 대한 경계 조치

그리스 정교의 교회에는 입체적인 우상이 전혀 없다. 이콘, 벽화, 모자이크와 같은 평면적인 도상(圖像)뿐이다. 이것이 서방 교회와 다른 또 하나의 큰 차이점이다.

로마의 산 피에트로 대성당, 파리의 노트르담 대성당 등을 상기하면 비교가 된다. 바깥쪽이나 안쪽이나 둥글고 깊이 판 조각의 우상으로 가득 차 있다. 그리스 정교의 교회에는 없는 것으므로 매우 산뜻한 느낌이 든다.

기독교의 모체가 된 유대교는 예부터 우상 엄금의 종교이며, 지금도 그것을 굳게 지키고 있다. 금이나 돌 같은 것으로 만든 상을 신으로서 예배하면 안 된다는 훈계는 구약 성서에 되풀이하여 나온다. 기독교도 처음에는 우상 엄금이었으나 어느새 풀어져서 신자가 우상에 절하는 것을 묵인하게 되었으며, 끝내는 성직자가 포교의 수단으로 우상을 적극 이용하게 되었다. 형태 있는 것을 예배하고 싶어 하는 것은 인지상정이다. 성직자로서도 눈에 보이지 않는 추상적인 개념으로서의 하느님의 존재를 말하기보다 눈에 보이는 우상을 이용하는 편이 손쉽다.

결국 서방 교회에서는 교회 안팎에 우상을 가득 채우게 되었다. 그러나 원시 종교에 더 가깝고 정통을 지키는 그리스 정교에서는 우상의 사용에 하나의 획을 그었다. 평면적이고 더욱이 지나치게 리얼하지 않은 벽화는 무방하지만 입체적인 우상은 엄금한다는 것이었다.

우상 파괴 운동과 성화찬앙(聖畵讚仰)

역사적으로 보면, 그리스 정교의 내부에서 "평면적이건 입체적이건, 여하한 우상도 반대한다."는 운동이 자주 일어나 이콘이 불태워지고 벽화와 모자이크가 뜯기곤 했다. 이것을 아이코노클래즘우상파괴운동이과고 한다. 그러다가 평면적이고 더욱이 극도로 사실적이 아닌 벽화까지는 허용하는 형태가 되었다. 우상 엄금이라는 근본 원칙으로 보면 우습지만, 형태 있는 것을 예배하고 싶어 하는 많은 신자와 하급 성직자의 욕구가 승리를 거두어 일종의 타협이 이루어진 셈이다.

신학적으로는 다음과 같은 이론이 뒷받침되었다. "금속이나 돌의 덩어리, 물감을 칠한 목판 같은 '물체', 그것을 신으로서 예배하는 것은 아니다. 성화를 우러러봄으로써 하느님께 생각이 미치게 하고, 여러 성인에게 생각이 미치게 하고, 모습 없는 하느님께 기도하여 신앙을 깊게 하는 의지로 삼는 것이다. 성화를 숭배하는 것이 아니라, 찬앙(讚仰)하는 것이다."라

유럽에 빠지는 즐거운 유혹②

고. 관광의 입장에서 보면, 일부러 비현실적으로 그린 벽화나 모자이크밖에 없는 그리스 정교의 교회는 매우 특이한 종교적 분위기에 차 있는 것 같이 느껴진다.

정교도의 생활에 밀착된 이콘

위와 같은 신학론은 아랑곳없이 민중은 이콘이라는 물건 그 자체에 영력(靈力)이 깃든다고 믿고 있었다. 교회뿐 아니라 각 가정에서도 아침저녁으로 이콘을 향해 예배하고, 나그네나 병사들은 조그만 이콘을 품에 넣고 다니며 부적으로 삼았다. 방패나 칼의 손잡이에 조그만 이콘을 새겨서 전투 때 부적으로 삼은 예도 많다. 병이 나거나 다쳤을 때는 영험 있는 이콘을 환부에 대고 치유를 빌었다. 이런 점은 서방 교회에서 그리스도 상이나 마리아 상, 성유물 등이 숭배의 대상이 되었던 것과 같은 맥락이다.

혁명 전의 러시아인은 그야말로 이콘에 둘러싸여 생활하고 있었다. 아이가 태어나면 누군가가 성인의 이름을 따서 아이의 이름을 지었다. 이를테면, 니콜라가 그런 예다. 그러면 성 니콜라는 평생 그 아이의 수호신이 된다. 방에는 성 니콜라의 이콘을 장식하고 여행을 할 때는 부적으로서 조그만 성 니콜라의 이콘을 언제나 몸에 지니고 다녔다.

직업을 갖게 되면, 직업마다 정해져 있는 수호성인이 새로이 추가되었다. 예를 들어, 대장장이나 금속 세공사라면 성 코지마와 성 데미안이 그 수호성인이다. 일상생활에서도 집에 도둑이 들면 도둑맞은 물건이 돌아오게 해 달라고 성 표트르의 이콘에 빌고 암탉이 알을 낳지 않으면 성 마몬트의 이콘에 비는 식이었다.

지금도 그리스 정교의 신앙이 성한 곳에서는 어느 가정에나 반드시 이콘이 안치되어 있다. 하지만 이콘을 환부에 대고 치유를 비는 것 같은 미신적인 요소는 이제 사라졌다.

조형 미술에 나타난 상징

첫눈에 알 수 있는 '형태 있는 상징'은 기독교의 미술을 이해하기 위한 실마리

천사, 사자, 소, 독수리의 마크는?

불교나 힌두교의 경우와 마찬가지로 기독교에도 많은 조형적인 상징이 있어서 그림, 조각이 자주 나오고 관광과도 관계가 깊은 것을 들어보기로 한다.

먼저 4복음서의 저자에 대한 상징이 있다. 성 마태는 천사, 성 마가는 날개 달린 사자, 성 누가는 소, 성 요한은 독수리이다.

그림이나 조각에서는 인간의 모습을 한 네 사람의 복음서 저자가 저마다 자기의 심벌을 손에 들고 있는 경우도 있고, 심벌만의 표현으로 복음서 저자를 암시하는 경우도 있다. 환상성을 중시한 로마네스크의 조각에서는 특히 이들 심벌이 잘 사용되고 있다.

'날개 달린 사자'가 국장(國章)으로

베네치아에 가면 도청에 '날개 달린 사자'의 상과 부조가 있는 것을 알 수 있다. 산 마르코 광장에서 대운하 부두로 나가는 곳에는 돌기둥 위에 거대한 '날개 달린 사자'가 올라앉아 있고, 많은 건축물의 벽에도 '날개 달린

유럽에 빠지는 즐거운 유혹②

사자'의 부조가 새겨져 있다. 일찍이 베네치아 공화국의 영토였던 북 이탈리아나 달마티아 해안의 여러 도시, 크레타 섬 같은 곳도 마찬가지다.

이것은 베네치아 공화국이 복음서 저자 마가를 수호성인으로 삼고, 그 상징인 '날개 달린 사자'를 나라의 문장으로 정했기 때문이다. 베네치아의 함대와 상선대는 '날개 달린 사자'의 깃발을 자랑스레 휘날리며 동지중해를 으스대며 항해하곤 했다.

성 마가의 유해는 원래 알렉산드리아에 있었는데, 828년 전란을 틈타 알렉산드리아에 살던 베네치아 상인이 이를 헐값에 사서 몰래 가지고 나왔다. 그때 알렉산드리아 항에서 관리에게 들켜 압수당할 것을 두려워하여 유해를 담은 나무 상자에 돼지고기를 가득 채워 놓았다. 나무 상자를 검사한 관리는 이슬람교도가 아주 싫어하는 돼지고기가 차 있었기 때문에 속까지 조사하지 않아 감쪽같이 속았다고 한다.

거룩한 유해는 베네치아의 대성당에 안치되었으며 산 마르코라는 이름이 생겼다.

'동그라미에 十자'는 그리스도의 표시

일반적으로 신과 성인의 상을 총칭하여 존상(尊像)이라고 부른다. 유대교나 이슬람교와 같은 우상 엄금인 경우는 별도로 치더라도 어느 종교나 함부로 많은 신과 성인의 상을 만들기 때문에, 나중에는 어느 것이 누군지 알 수 없게 된다. 차마 존상에다 명패를 달아 놓을 수도 없는 일이고 보면, 무언가 특별한 것으로 구별하지 않을 수 없게 되었다. 이를 테면, 불교에서 물병을 들고 있으면 관음보살이라 여겨서 모습이 비슷한 다른 존상과 쉽게 구별할 수 있는 것과 같다.

기독교에서 열십자가 들어 있는 광배(光背)를 달 수 있는 것은 예수 그리스도뿐이고, 일반 성인이나 천사에는 열십자가 없는 원형의 광배만 단다는 약속을 만든 것도 그 한 예다.

■ **전능의 그리스도**
　이스탄불 아야 소피아의 모자이크.

　이것은 시대가 오랜 벽화, 모자이크, 부조 같은 것을 볼 때 크게 도움이
되는 약속으로 '동그라미에 +자'의 광배가 있는 것만으로도 그것이 그리
스도라는 것을 당장 알 수 있다. 시대가 오래 되지 않은 작품은 그리스도만
특히 위엄 있게 그려져 있어서 알기 쉽지만 오래 된 것은 등장인물이 모두
똑같아 보일 때가 많다.

　인간에 광배를 달아도 되는 것은 정식으로 열성(列聖)이 된 사람에게 한
하며 이것으로 군상 속의 성인과 일반인을 식별할 수 있다. 이 또한 군상의
테마가 되어 있는 이야기의 줄거리를 이해하는 데 의외로 도움이 된다. 앞
에 적은 4복음서의 저자들의 상징도 식별을 위해서 불가결한 것이다.

가죽 주머니와 넘어진 소금 그릇은 유다의 표시

　12사도에도 저마다 상징이 있다. 나쁜 쪽으로는 조그만 가죽 주머니를

움켜쥐고 있는 것은 '이스카리옷 유다'이다. 가죽 주머니 안에는 예수를 배반한다는 약속으로 얻은 은전 서른 닢이 들어 있다.

그리고 식탁 위의 소금 그릇을 넘어뜨리고 있는또는 그런 것처럼 그려져 있는 자가 있으면 그것도 유다이다. 예수가 배반을 눈치 채자 깜짝 놀라는 바람에 소금 그릇을 넘어뜨렸다고 전해지기 때문이다. 그래서 기독교국에서는 식탁에서 소금 그릇을 넘어뜨리는 것을 대단히 재수 없는 일로 간주하고 있다.

열쇠는 12사도의 필두, 베드로의 표시

12사도가 가지고 있는 상징 가운데서 가장 좋은 쪽은 성 베드로의 '열쇠'이다. 이것은 관광의 설명에도 자주 나온다.

베드로의 본명은 시몬. 갈릴리 호수의 고기잡이로 예수의 첫 제자가 되었다. 그때까지 예수는 나사렛이라는 마을에서 아버지의 가업을 이어 목수일을 하고 있었는데, 세례자 요한이라는 재야의 열렬한 종교가가 나타나자 이에 전도되어 서른 살쯤에 갑자기 가업을 버리고 종교 활동을 시작했다. 그런데 장차 뭐가 될지 알 수도 없는 예수에게 생애를 걸었으므로 베드로도 꽤나 색다른 '인생의 의기(意氣)를 느끼고 사는' 사나이였던 것이 틀림없다.

베드로는 배짱과 힘이 센 점에서 발군이었던 모양이다. 예수가 제자들을 거느리고 객지로 나갈 때마다 베드로는 언제나 앞장서서 걸었다.

말하자면 예수의 그룹을 확확 끌고 다니는 기관차 같은 존재였던 것이다. 베드로라는 것은 별명으로 '반석'이라는 뜻이다. 여기서 베드로와 '열쇠'의 이야기가 시작된다.

예수가 베드로에게 준 '천국의 열쇠'

형세가 나날이 절망적으로 되어 가고 있었을 때, 예수는 가장 믿는 베드

로에게 말했다.

"너는 베드로반석이다. 내가 이너라는 반석 위에 내 교회를 세울 터인즉 죽음의 힘도 감히 그것을 누르지 못할 것이다. 또 나는 너에게 하늘나라의 열쇠를 주겠다. 네가 무엇이든지 땅에서 매면 하늘에서도 매여 있을 것이며, 땅에서 풀면 하늘에서도 풀려 있을 것이다."

■ **성 베드로**
오른쪽의 열쇠를 가진 사람이 베드로. 아를 대성당.

마태복음 제16장에 있는 유명한 문구다. 예수는 비유해서 이야기하기를 잘했다. 자기가 머지않아 반대자의 손에 죽을 것을 예견하고, 시몬의 별명 베드로반석를 암시하여 자기가 죽은 뒤 교단의 기초를 확립하는 일을 그에게 맡겼던 것이다.

이런 유래로 '열쇠'는 성 베드로의 상징이 되었다. 큼직한 '열쇠'를 들고 있는 성인이 있거든 그것은 성 베드로라고 단정해도 틀림이 없다.

'교차된 열쇠'가 교황의 표시

기대에 어긋나지 않게 베드로는 예수가 죽은 뒤에도 계속 교단의 기관차 구실을 했다. 그리하여 각지를

유럽에 빠지는 즐거운 유혹②

돌아다니며 포교에 힘썼으며, 결국에는 네로 황제 때, 로마에서 거꾸로 매달리는 책형을 받아 순교했다고 전해진다.

성 베드로의 유해 위에 세워진 것이 바티칸의 산 피에트로 대성당이고, 성 베드로의 법통을 이어받은 것이 로마 교황이라 할 수 있다. 그리고 예수 그리스도는 '천국의 열쇠'를 성 베드로에게 주었으므로, 그것을 승계한 로마 교황을 통하지 않고는 아무도 천국에 들어갈 수 없는 것으로 되어 있다.

그런 까닭으로 교차된 두 개의 큰 열쇠가 교황의 상징이다. 법왕청^{바티칸}박물관과 산 피에트로 대성당의 도처에 이 열쇠의 표지가 있다. 대성당의 바닥에 색이 다른 돌로 상감한 거대한 열쇠의 표지도 그 하나다. 바티칸 시국(市國)의 깃발도 열쇠를 도안화한 것이다.

스승의 상처에 손가락을 넣은 '불신의 도마'

예수가 붙잡혀서 처형된 직후 제자들의 모습은 도무지 형편이 없었다. 자기들도 같은 운명이 될까 두려워서 한 집에 모여서 문을 걸어 잠그고 소리 없이 숨을 죽이고 있었다.

예수가 처형된 지 사흘째 되던 날 저녁, 문이 잠겨 있는 집 안에 난데없이 한 남자가 나타나 "잘 있었는가." 하고 인사했다. 제자들은 소스라치게 놀랐다. 뜻밖에도 그것은 죽은 스승 예수였다.

제자들은 이미 예수가 부활했다는 기별을 듣고 있었다. 그날 아침 막달라 마리아가 헐레벌떡 뛰어 들어와서 이렇게 말했기 때문이다. "여러분 제 말을 들어 보세요. 전부터 말씀하셨지만, 선생님은 역시 사흘 만에 살아나셨어요. 제 앞에 서셨기에 '선생님' 하고 매달리려고 했더니, '놀리메탄게레(닿으면 안 돼)'라고 말씀하셨어요."

제자들은 막달라 마리아의 말만으로는 믿어지지 않았는데, 자기들의 눈으로 예수의 모습을 보고 그 목소리를 듣게 되자 진실로 그 부활을 믿고 기뻐하였다.

제자들 가운데 단 한 사람인 도마만은 마침 그 자리에 없었으므로 예수의 부활을 결코 믿으려 하지 않고 무작정 우겨댔다. "나는 내 눈으로 그 분의 손에 있는 못자국을 보고, 내 손가락을 그 못자국에 넣어 보고, 또 내 손을 그 분의 옆구리에 넣어 보지 않고는 결코 믿지 못하겠소(요한복음 제20장)."

예수는 8일째에, 말하자면 그 다음 일요일에 다시 제자들 앞에 모습을 나타내면서 도마에게 손의 못자국을 보여 주고, 도마의 손가락을 자기 옆구리의 상처에 넣어 보게 했다. 그것으로 비로소 도마는 사실을 믿게 되었다. 이것을 '불신의 도마'라고 한다. 그리고 예수의 옆구리에 손가락을 넣고 있는 모습이 사도 도마의 상징이다.

십자가의 고통을 덜어 주기 위해 로마의 병사가 창으로 예수의 옆구리를 찔러 많은 출혈로 빨리 죽게 해주었다는 것은 앞에서 말했다.

그런데 성서에는 예수가 제자들에게 "너희에게 평화가 있기를!" 하고 말한 것으로 되어 있다. 이것은 현재도 널리 쓰이고 있는 인사말 '살롬 알레이쿰' 등과 똑같은 뜻이며, 일상적인 인사로 아침저녁으로 하는 '안녕하십니까.'에 해당한다.

막달라 마리아의 긴 머리와 향유 항아리

예수의 주변에는 일단 헌신적인 여성 신자들이 있어서, "자기네 재산을 바쳐 예수의 일행을 돕고 있었다(누가복음 제8장)." 그 중에서도 이채를 띤 것이 막달라 마리아였다. 예수의 주변에는 마리아라는 이름의 여성이 몇 사람이나 있었으므로 이와 같이 출생지의 이름을 붙여서 구별하였다. 성서에는 '일곱 마귀가 나간 막달라 마리아'라고 되어 있는데, 그녀는 우연히 예수를 만나 신앙에 눈뜰 때까지는 세상 사람들이 놀랄 만큼 음란한 생활을 하고 있었던 모양이다.

누가복음 제7장에도, "마침, 그 동네에는 행실이 나쁜 여자가 하나 살고 있었는데, 그 여자는 예수께서 그 바리새파 사람의 집에서 음식을 잡수신다는 것을 알고 향유가 든 옥합을 가지고 왔다. 그리고 예수 뒤에 와서 발치에 서서 울며 눈물로 그 발을 적시었다. 그리고 자기의 머리카락으로 닦고 나서 발에 입맞추며 향유를 부어드렸다."고 나와 있다.

행실이 나쁜 여자란 매춘부를 가리킨다. 무슨 일에나 형식밖에 지킬 줄 모르는 바리새파의 주인이 "저 여자가 어떤 여자며, 얼마나 행실이 나쁜 여자인지 알았을 텐데." 하고 못마땅한 듯이 중얼거리자 예수는 "죄 많은 자야말로 더 한층 신앙으로 구원을 받는다."는 역설적인 가르침을 설교하였다. 예수의 많은 가르침 가운데서도 특히 인간애가 넘치는 가르침으로 유명하다.

성서에는 다만 '행실이 나쁜 여자가 하나'라고 나와 있을 뿐인데, 중세부터 이것은 막달라 마리아를 가리키는 것이라고 여겨져 왔다. 긴 머리채, 향유 항아리, 그리고 성녀(聖女)로서는 좀 위태위태하게 보이는 가련한 모습(전신이 그것이었으니까)이 그녀의 상징으로 되었다. 로마네스크와 고딕의 조각에 많은 실례가 있다.

극적으로 로맨틱하게 만들어진 시나리오

손님을 집 안에 맞아들이면 먼저 발을 씻게 해주는 것이 예의인데, 바리새파의 주인은 그것을 하지 않았다. 식사 도중 그 자리에 걸맞지 않는 느낌의 여자가 하나 갑자기 들어와서 예수의 발아래 웅크리고 앉았다. 놀랍게도 그것은 "일곱 악귀가 깃들었다."는 소문이 난 음란한 여자 막달라 마리아가 아닌가!

그녀는 눈물을 철철 흘리면서 그 눈물로 예수의 발을 씻고 자기의 긴 머리칼로 닦고 그 발에 입을 맞춘 다음 값비싼 향유를 아낌없이 발랐다. 향긋한 냄새가 방 안에 가득 찼다.

모두 어안이 벙벙하여 가시 돋친 비난의 시선을 보내는데, 예수는 부드

럽게 "네 믿음이 너를 구원하였다. 편안히 가라." 하고 일렀다.

이 일을 계기로 그 음란한 여자는 예수의 열렬한 신자가 되었다. 예수가 십자가에 못박혔을 때도 제자들은 모두 달아났지만, 그녀는 혼자 멀리서 '죽음보다 더한 고통'으로 가슴이 찢어지도록 괴로워하였다. 그리고 예수의 유해를 깨끗이 닦고 향유를 바르려고 제일 먼저 무덤에 달려갔다.

그녀의 열의에 보답하려고 했던지 죽음에서 소생한 예수는 우선 먼저 그녀 앞에 모습을 나타냈다.

이러한 성서의 이야기는 몇몇 저질 영화 제작 업자에게 극적이고 로맨틱한 시나리오로 구성되곤 하였다.

영화 '최후의 유혹'에서는 예수가 십자가의 고통 속에서 악마의 유혹을 받아 막달라 마리아와 달콤한 육체관계를 갖는 꿈을 꾸는 장면이 나타나기도 한다.

성령의 상징인 비둘기

예수가 요르단 강에서 세례자 요한에게 세례를 받는 광경도 흔히 그림의 소재로 되고 있다.

우피치 미술관에 있는 베로키오의 작품도 그 가운데 하나이며 관광 때 반드시 보게 된다. 베로키오는 그림의 왼쪽 끝에 있는 소년 모습의 천사를 제자인 레오나르도 다 빈치에게 그리게 했는데 너무나 기가 막히게 잘 그려서 그 후로 자기는 두 번 다시 화필을 들지 않고 조각에만 전념했다고 전해지고 있다.

이 그림의 위쪽에 그려져 있는 두 개의 손은 하느님의 상징, 비둘기는 성령의 상징이다. '하늘이 열리고, 하느님의 성령이 비둘기 모양으로' 예수 위에 내려오는 정경인데, 마태복음 제3장, 마가복음 제1장, 누가복음 제3장에 나온다. 이와 같이 비둘기는 성령의 상징으로서 기독교의 조형 미술의 온갖 장면에 등장한다. 산 피에트로 대성당의 가장 깊숙한 안쪽의

■ '여기 하나님의 어린
  양이 있다' 그리스
  도와 세례자 요한
  (보우츠, 1415~1475)

창문에 표현되어 있는 '빛을 발하는 비둘기'도 그 한 예이다.

　아버지인 하느님, 아들인 그리스도, 그리고 성령은 삼위 일체, 다시 말해서 셋이 별개의 존재지만 그 본질은 하나로 보는 것이다. 성령, 'Holy Ghost, Holy Spirit'란 대체 무엇일까? 신앙상의 정의는 차치하더라도 성서에 등장하는 성령의 활동 상황을 보면 '하느님의 뜻을 받아 하느님의 분신으로 어디나 가벼운 마음으로 날아가는 존재'라고 말할 수 있을 것 같다.

산타클로스가 된 성 니콜라우스

중세 민중이 극진한 지성으로 기도드린 영험 있는 성유물의 여러 가지 종류들

왜 우리들에게는 알려지지 않았는가?

유럽에서 성직자와 신학자들이 열심히 논하였던 어려운 신학과 달리 민중 사이에 깊숙이 뿌리를 내리고 있던 실제적인 신앙 형태로 '성인과 성유물' 숭배는 극히 중요한 역할을 하였다. 오늘날 관광의 차원에서 보면 중세의 종교 건축이나 미술은 성인·성유물 숭배를 떼어놓고는 이야기 할 수 없다.

16세기에 일어난 종교개혁 때, 성인·성유물 숭배는 기독교의 본령에 어긋나는 것이라 하여 프로테스탄트에서는 완전히 폐지되었다. 가톨릭에서도 종교개혁이 왜 일어났는가에 대해 반성한 결과로서 과도한 성인·성유물 숭배를 삼가게 되었다.

19세기 후반 동양에 들어온 기독교에서는 프로테스탄트는 말할 것도 없고 가톨릭에서도 성인·성유물 숭배를 받아들이지 않았다. 그래서 우리는 기독교 신자라도 성인·성유물 숭배에 대해서 잘 모르고 있는 것이 보통이다.

헤르메스의 대역을 맡은 성 미카엘

성서에 쓰여 있지 않은즉 초기의 기독교에는 없었던 성인·성유물 숭배는 어떻게 해서 발생했는가? 기독교가 퍼지면서 민중의 마음속에 계속 남아 있던 이교의 신앙과 타협한 것이 그 원인의 하나였다. 이를테면 이교시대에는 헤르메스라는 신이 있어서 날개 달린 샌들을 신고 하늘과 저승을 날아다니며, 여러 신들의 심부름을 하거나 죽은 자를 저승에 인도하는 역할을 맡고 있었다.

기독교의 시대가 된 뒤, 헤르메스의 역할을 고스란히 인계한 것이 대 천사 미카엘이다. 그도 날개를 가지고 하늘과 저승을 날아다니면서 하느님의 심부름을 하고 최후의 심판 때는 영혼을 저울질하는 일을 하였다. 로마네스크의 조각에는 반드시라고 할 만큼 이 역할을 하는 대 천사 미카엘이 표현되어 있다.

하느님의 사자로 하늘에서 내려오는 미카엘은 지상에 높이 솟은 곳에 내려앉는 것으로 여겨지고 있었다. 미카엘 신앙의 발상지인 아드리아 해안의 몬테 산탄젤로, 로마의 성 천사성, 프랑스의 몽생 미셸과 르 퓌의 암봉 등이 모두 그런 곳이다. 몽생 미셸과 르 퓌의 암봉은 로마인이 헤르메스와 동일시하고 있던 켈트계 신의 성소였다. 모두 나중에 대 천사 미카엘의 성소로 바뀌었다.

아프로디테의 대역은 성 니콜라우스

지중해 세계의 동부에서는 아프로디테가 항해와 선원의 수호신으로서 숭배의 대상이 되고 있었다.

아프로디테 신앙은 신전 매춘(神殿賣春)과 깊이 결부되어 있었다. 알렉산드리아, 코린트, 시칠리아의 엘리체 등 항구 도시의 아프로디테 신전에는 '어떤 종류의 무녀들'이 많이 소속해 있어서 새전을 받고 참배인들의 하룻밤 처가 되었다.

■ 성 니콜라우스 성당

그 때문에 기독교에서는 아 프로디테 신앙을 원수처럼 생 각하고 없애려고 안간힘을 썼 다. 그러나 거친 바다에 나가는 선원들이라든지 고기잡이들에 게는 진지한 의미에서 수호신 은 없어서 안 되는 것이었으므 로 교회 측에서는 성 니콜라우 스를 '뱃사람의 수호성인' 으로 내세웠다. 그리스에서는 지금 도 성 니콜라우스의 신앙이 계 속되고 있다. 그리스 각지에 아 기오스 니콜라우스라는 이름의 항구 도시와 어촌이 많은 이유가 그 때문이다.

니콜라우스는 4세기에 소아시아에 사제로 있던 실 제 인물이며, 민중에게 매우 경애를 받았고 죽어서 성 인으로 시성(諡聖)되었다. 시성이란 성인의 명부에 올 리는 것, 다시 말해 성인으로 공인하기 위한 절차를 말하며 이것은 성인의 남발을 막기 위해 엄격한 규칙 이 정해져 있다.

바로 이 성 니콜라우스가 서방에서는 산타클로스라 불리게 되어 세상이 다 아는 바와 같은 역할을 하고 있다.

현세적인 이익을 추구한 민중의 마음
성인 숭배가 성해진 제2의 이유, 그리고 결정적인

유럽에 빠지는 즐거운 유혹②

이유는 성인의 유해나 소지품(합쳐서 성유물이라고 한다)에 영력(靈力)이 깃든다고 믿게 된 점에 있었다.

성유물은 동방 교회와 서방 교회에도 있었으나, 동방 교회에서는 앞에서 말한 바와 같이 이콘이라는 성상(聖像) 숭배가 중심이 되고 성유물 숭배는 희미해졌다. 이에 대해 서방 교회에서는 마리아 상 등의 성상 숭배도 있었지만 그 이상 압도적으로 성해진 것이 성유물 숭배다.

어쨌거나 민중은 모습 없는 하느님을 향해 기도하는 것만으로는 만족하지 못하고, 형태가 있는 것, 눈으로 보고 손으로 만질 수 있는 물건을 갖고 싶어 했다는 점에서는 동서가 조금도 다르지 않다.

일찍부터 기독교에서는 순교자나 대덕자(大德者)의 무덤 위에 교회를 세우는 습관이 있었다. 로마의 산 피에트로, 툴의 생 마르탱, 아를의 상 트로핌 등 역사가 오랜 유명한 성당은 대개가 그렇다. 처음에는 위대한 선인의 유덕을 기리고 신앙을 깊게 한다는 뜻에서였다.

그러나 시대가 내려오자 그런 성인의 무덤에 손을 대고 기도를 하면 병이 낫는다든가 싸움터에 나간 남편이나 아들이 무사히 돌아온다든가 하는 현세적인 은혜를 얻는다고 믿게 되었다. 처음에는 민중의 신심에 지나지 않았으나 이윽고 그런 묘소를 관리하는 성직자들이 대대적으로 그런 은혜를 선전하게 되었다. 영험이 크다는 평판이 나기 시작하면 원근에서 많은 참배인과 순례자가 몰려와 인산인해를 이루게 되어 새전이 두둑하게 들어왔기 때문이다.

각지에서 속속 성인의 유해를 '발견'

그렇게 되자 '그럼 우리도' 하고 도처의 유명한 교회와 수도원에서 '성인의 유해'를 찾기 시작하였다.

어느 날 모모 성인이 사제의 꿈에 나타나 "나의 유해는 어디어디에 있다. 그것을 이장하여 숭배하라."고 계시하였다. 사제는 황송하고 고마워서 3일간 단식하고 목욕재계한 다음 사람들을 데리고 계시된 장소에 가보았더니 땅 속에서 영묘한 광채가 비쳐 나오고 있었다. 그 곳을 팠더니 성인의 유해가 나왔다.

이리하여 성당에 안치된 유해는 즉각 영력을 발휘하기 시작하여 앉은뱅이를 일어나서 걷게 하고 장님의 눈을 뜨게 하였다. 이런 종류의 유래를 적은 것을 이장기(移葬記)라고 하며 지금도 많이 남아 있다.

모모 성인의 유해의 소재를 적은 '고문서'가 발견되었다. 이런 이야기는 조작된 예도 많다. 새로운 이야기보다 '고문서'라고 하는 편이 권위가 있다.

같은 성인의 유해가 두 군데서 '발견'되어 서로 상대편의 것을 가짜라고 지탄하며 싸운 예도 적지 않다. 판결을 내린 것은 참배인과 순례자들이다. 병이 당장에 나았다는 기적이 잇달아 일어난 편이 진짜, 신통찮은 쪽이 가짜로 단정된 것이다. 성유물의 존재 의의는 오로지 현실의 은혜에 있었던 것이다.

진짜 십자가, 성정(聖釘), 성혈, 성해포(聖骸布)

아무리 '발견'에 노력하더라도 유해는 숫자상 한도가 있고 들고 다닐 수도 없다. 그래서 그리스도, 성모 마리아, 그 밖에 여러 성인들이 몸에 지니고 있었다고 믿는 물건에도 영력이 깃들어 있다고 생각하게 되었다.

이런 종류의 성유물의 최고급은 그리스도에 관한 것이다. 그리스도가 책형을 당한 십자가의 한 조각을 '진짜 십자가(Vera Crus)'라고 부른다.

그리스도에게 씌워졌던 가시관, 손발에 박혔던 못, 창에 찔린 옆구리에서 흘러내린 피[聖血] 등도 최고로 거룩한 성유물이다.

물론 모두가 다 진짜라고는 도저히 생각할 수 없다. '성혈'이라는 것도 수상하고, 각지의 성당에 안치되어 있는 '진짜 십자가'와 '거룩한 못'을 모두 모으면 집을 한 채 세울 만한 양이 된다고 빈정대는 학자도 있다.

관광지로 유명한 곳 가운데 다음과 같은 곳이 있다. 스테인드글라스의 아름다움으로 알려진 파리의 생트 샤펠은 '거룩한 가시 면류관'을 안치할 목적으로 루이 9세가 일부러 조성한 예배당이다. 로텐부르크의 성 야곱 교회의 서제단(西祭壇)은 '성혈'을 안치하기 위해 만들어진 것이며 리멘슈나이더의 걸작으로 이름이 높다.

그리스도의 유해를 덮은 천이 땀과 기름에 의해 그리스도의 얼굴 모양을 비치고 있었다는 밀라노의 '성해포(聖骸布)'는 1988년에 방사성 탄소에 의한 연대

측정 결과 가짜라는 판정을 가톨릭 교회 측이 스스로 내렸다. 현재 가톨릭에서는 성유물 따위에 의지하지 않고 순수한 신앙을 장려하고 있다. 하기야 민중 수준에서는 아직도 성유물 숭배의 잔재가 사라지지 않고 있지만.

진짜인지 가짜인지 알 수 없는 성유물

그리스도도 그렇지만 성모 마리아도 승천한 것으로 되어 있기 때문에 유해가 있을 까닭이 없다. 남아 있는 것은 몸에 지녔던 것뿐이다. 관광지로 유명한 샤르트르의 대성당에는 성모 마리아가 입었던 옷이라는 것이 안치되어 있었는데 프랑스 대혁명 때 미신 덩어리라하여 불태워 버렸다.

불사의 몸으로 여겨졌던 대천사 미카엘이 몬테 산탄젤로의 동굴에 '빨간 망토'를 두고 갔던 것이 성유물로 간주되어 그 조각이 각지의 미카엘 성소에 보내졌다.

이에 반해, 원래가 인간인 성인에 대해서는 몸에 지니고 있었던 물건이라든가 유해의 일부인 팔, 손가락, 발배, 두개골 같은 것을 '발견'하는 것은 그야말로 제멋대로였다. 한 사람의 성인을 가지고, 사지가 멀쩡한 유해가 A지에 있는데, 그 오른팔이나 두개골이 B지에 있다는 식의 웃지 못할 예도 적지 않았다.

성유물을 만들어 팔면 대단히 수지가 맞아 각지에서 그럴싸한 성유물을 만들었는데, 그 중에서도 콘스탄티노플이 유명했다. 콘스탄티노플에서 온 것이라면 왠지 비밀스러워 보여서 권위가 있었던 것이다.

앞에 언급한 '거룩한 가시 면류관'도 콘스탄티노플에 있던 비잔틴 황제로부터 루이 9세가 막대한 돈을 지불하고 사들인 것이다.

성혈도 원래는 콘스탄티노플에 보관되어 있던 것을 두세 방울씩 각지에 나누어진 것으로 알려져 있다. 역시 그리스도의 피라 아무리 오래되어도 이상할 정도로 응고도 되지 않고 썩지도 않았던 모양이다.

수없는 성유물 상자는 중세 공예품의 정화

지금도 각지의 대성당에는 흔히 유료로 관람하는 보물창고가 있으며, 많은 성유물이 전시되어 있다. 동양인은 잘 들어가지 않지만, 그것은 그야말로 중세 공예품의 정수를 보여준다. 성유물은 드러내 놓지 않고 반드시 정교하게 세공한 성유물 상자에 넣어 둔다. 상자라고는 하지만 모양이나 크기가 가지각색이어서 큰 신전 같은 모양을 한 것도 있다. 팔이나 손가락 모양으로 만들어서 가운데에 성유물인 팔이나 손가락을 넣어 두기도 한다. 팔과 손가락은 축복을 내려 주는 것이라 하여 기독교에서는 특별한 의의를 갖는다.

이들 성유물 상자는 중세의 석조(石彫), 목조, 금은 세공, 보석 세공, 칠보 등의 정수를 보여준다. 성유물 상자를 의뢰하는 사람은 돈을 아끼지 않았고 만드는 장인은 온 정성을 다 기울였다. 대성당 등의 보물창고는 많은 소장품 가운데서 일품만 전시하므로 특히 그런 느낌이 강하다.

성유물 숭배를 어처구니없는 일이라고 생각하는 것과 성유물 상자를 훌륭한 공예품으로서 재인식하는 것과는 별개의 문제다.

나라, 도시, 직업, 개인에도 수호성인

성유물 숭배 이외에도 기독교의 실제적인 신앙 형태에 있어서 성인은 큰 역할을 했다.

성 조지는 잉글랜드의 수호성인, 성 이시도로는 마드리드의 수호성인, 성녀 체칠리아는 음악의 수호 성녀, 성 누가는 의사의 수호성인, 이런 식으로 온갖 분야에 특정의 수호성인이 있었다. 그리고 영어로는 구별이 되지 않지만, 대륙의 여러 언어에서는 어미변화로 성인의 남녀를 구별하고 있다. 우리말로 그것을 표현하기 위해 여성의 성인에 성녀라는 칭호를 붙이는 것이 보통이다.

개인에도 수호성인이 있다. 이를테면, 피터라는 이름의 사람은 성 베드로가 수호성인이다. 그리스에서는 자기의 생일보다 자기의 수호성인의 날을 더 성대히 축하한다.

교회력(敎會曆)이라는 것이 있어서 각 성인의 날이 정확히 정해져 있다. 성인들 사이에는 일종의 분업도 있다. 예를 들어 불이 났을 때 크게 번지지 않고 꺼주는 것은 성 플로리안이다. 이 성인의 상은 흔히 양동이를 손에 들고 있다. 교통사고로부터 지켜주는 것은 성 크리스토프이다. 이 성인은 라인 강의 나루터지기로 반드시 굵은 지팡이를 쥐고 있다. 기독교는 일신교일 텐데 이게 어찌된 것일까? 신학자는 "성모 마리아, 대천사 미카엘, 그 밖에 여러 성인에게 매달려서 빌면 그 소망을 하늘에 계시는 하느님께 전해 주신다."고 교묘한 이론을 구성하여 일신교의 교의에 모순이 생기지 않도록 했다삼위일체설에 의해 그리스도는 하느님과 일체이다.

그러나 민중은 그런 신학 이론은 아랑곳없이 성모 마리아나 성인들에게 기도를 드렸다. 지금도 금은주옥으로 장식되어 민중의 열렬한 신앙을 모으고 있는 마리아상과 성인은 얼마든지 있다.

사치와 권력을 빼앗긴 주교

왜 주교가 일국의 군주로서 권세를 떨치고 화려한 성이나 궁전을 소유하게 되었는가?

주교, 대주교, 로마 교황

유럽의 역사와 가장 관계가 깊었던 로마 가톨릭에 대해서 말하면, 교회 조직의 지리적인 기본 단위는 주교구(主敎區)다. 각 주교구에는 주교(bishop)가 있는데, 주교구 내에 있는 모든 교회를 감독하고 종무(宗務)를 관할한다. 그리고 주교 위에 대주교(Archbishop)가 있는데, 주교 중에서도 특히 우월한 지위를 인정받고 있다. 대주교도 넓은 의미로 주교에 들어간다. 주교는 속지적(屬地的)인 지위로 한 주교구에 한 사람밖에 있을 수 없다. 가톨릭 교회의 원칙으로서는 로마 교황도 주교의 한 사람이며, 교황은 많은 주교 가운데 제1인자다.

대성당, 교구 교회, 사제

이 책의 뒷부분에서 자세히 설명하겠지만, 주교가 재임하고 있는 교회를 카테드랄이라고 한다. 카테드랄은 각 주교구에 하나밖에 없다.

주교구 아래 많은 교구가 있으며, 저마다 교구 교회가 있고 사제가 있다.

우리가 보는 성당의 대부분은 이 교구 교회다. 보통은 한 도시나 마을이 하나의 교구로 되어 있으나 큰 도시는 복수 교구로 나누어져 있다.

교구 교회와 사제는 주민과 밀접한 관계에 있기 때문에 교구에는 자연 적정 규모가 있기 마련이다. 이에 대해 주교구는 다분히 역사적인 유래로 정해져 있으며 큰 주교구와 작은 주교구와의 불균형이 심했다.

혼란의 시대에 의지가 되었던 주교

고대 말기에는 게르만 민족 대이동과 서로마 제국 멸망의 혼란에 따라 지방의 군사·행정 조직이 완전히 파괴되어 버렸다. 조직다운 조직으로 남은 것은 교회뿐이었다. 그래서 지역 자위, 치안 유지, 식량 확보, 혹은 침입해 온 게르만인과의 교섭 등 지역 주민을 위한 당면 문제를 해결하는 데 있어 사람들은 교회에 크게 의존했다.

주교는 그 지역에서 최고의 종교적 권위가 인정되고 있었으므로, 무슨 일이고 리더십을 행사하는 데 적임자였던 것이다. 또 그 무렵부터 이미 주교는 거의가 그 지역의 명문이나 호족의 출신이었으므로, 무력이 필요한 자위대를 조직한다든가 하는 문제에 있어서도 조정 역할을 맡기에 적임이었다.

이와 같이 주교가 종교에 관한 것 뿐 아니라 지방행정에까지 지배력을 행사한다는 전통은 혼란의 시대가 끝난 뒤에도 오래 계속되었다.

주교는 속인의 신하보다 중요시되었다

특히 독일에서는 봉건 제후가 국왕의 지배권에 복종하지 않고 자립하는 경향이 강했기 때문에, 왕은 국왕령의 지방 행정을 속인인 신하에게 맡기지 않고 주교에 맡기는 경우가 많았다.

국왕령의 지방 행정을 맡은 사람을 그라프(伯)라고 불렀는데, 아버지로부터 아들로 세습적으로 지위가 승계되는 동안에 차츰 국왕의 지배권을 뿌

■ 트리어 대성당

리치고 자립하는 일이 많아졌다. 이에 비해 주교는 독신이 원칙이었으며, 설령 자식이 있더라도 아들에게 지위를 물려 줄 수는 없었다.

주교가 죽으면 새 주교가 임명되었다. 그래서 국왕의 지배권이 강하게 작용했던 것이다.

국왕이 속인의 신하보다 주교를 그라프의 지위에 앉히고 싶어 한 이유가 여기에 있다. 그라프는 무슨 일이 있을 때, 군대를 이끌고 국왕에게 달려갈 의무가 있었는데, 당시의 주교는 씩씩한 자가 많아서 그까짓 일은 예사였던 것이다.

독립국처럼 된 주교·대주교령

영국, 프랑스, 스페인 등 국왕에 의한 중앙 집권이 확립된 나라에서는 주교의 세속적인 권력이 차츰 폐지되었다. 그런데 독일신성로마제국에서는 국왕신성로마제국 황제이 선거제로 된 탓도 있고 하여 제후는 거의 독립국 같은 상태로 되었다. 그라프였던 주교도 처음에는 그렇지 않았으나 나중에는 독립국의 군주처럼 되었다. 이리하여 독일의 독특한 주교령, 대주교령이 생겼다.

일찍이 신성로마제국의 일부였던 오스트리아의 잘츠부르크, 벨기에의 리에주, 독일의 본, 트리어, 함부르크, 밤베르크, 파사우 등은 관광지로 유명한 곳인데, 그 곳에는 군주였던 대주교와 주교의 호화로운 성과 궁전 등이 있다. 그것도 한두 군데가 아니며, 영내에 몇 군데나 큰 성과 화려한 궁전이 남아 있는 경우도 드물지 않다.

대주교와 주교를 기독교의 고위 성직자라고 할 수 있다 하더라도 어떻게 그렇게 굉장한 성과 궁전을 갖고 있었는지 우리는 이해하기 어려운 일이다.

나폴레옹이 강권으로 폐지하다

이들 대주교령과 주교령은 프랑스 대혁명과 그에 이은 나폴레옹 시대에 잇달아 폐지되었다. 프랑스 혁명군은 '성직자가 토지와 인민을 지배한다는 것은 당치도 않는 일'이라며 트리어 대주교령과 리에주 주교령을 공략하여 프랑스에 합병해 버렸다.

나폴레옹도 그 정책을 계승하여 나머지 대주교령과 주교령을 모조리 폐지하고, 자기의 입김이 닿는 세속의 군주국에 합병시키거나 프랑스에 합병해 버렸다. 나폴레옹이 몰락한 뒤 프랑스에 합병되었던 구 리에주 주교령은 네덜란드 왕국을 거쳐 벨기에 황국에 편입되고, 구 트리어 대주교령, 구 쾰른 대주교령 등은 프로이센 왕국에 편입되었다.

중세의 유물이라고 할 대주교령과 주교령은 나폴레옹이 큰 낫을 휘두른

시점에서 모두 소멸되고 뒤에 성과 궁전만 남게 되었다. 일국의 군주로서 거들먹거리며 온갖 사치를 누리던 대주교와 주교들은 그 후는 단순한 성직자로 격하되어 버렸다. 물론 성직자로서의 지위는 높았지만. 그들은 성과 궁전에서 쫓겨나게 되었을 때 야비한 욕심을 발휘하여 금은보화를 싹 쓸어서 하인들로 하여금 지고 나가게 한 것으로 전해진다.

교회와는 유래가 다른 채플

여기서 채플예배당에 관해 덧붙여 둔다. 채플에는 두 종류가 있다. 하나는 성, 궁전, 병원, 학교 등의 내부에 설치하여 주로 내부 사람들이 쓰기 위한 예배의 자리이다. 교회가 널리 일반인을 위한 예배의 자리인데 대해 이쪽은 사적인 성격을 띠고 있다.

또 하나는 큰 교회의 내부에 구획을 지어서 만든 채플이다. 측랑(側廊)과 주회랑(周回廊, 교회의 제일 안쪽에 있는 반원형의 자리)을 따라 흔히 이런 종류의 채플이 여러 칸 붙어 있다. 이것도 보통 예배당으로 번역되고 있으나 독립된 건물이 아니므로 예배당이라는 어감과는 상당히 거리가 있다.

이런 종류의 채플은 대부분 권문 세도가가 교회의 공간을 차지하기 위해서, 그리고 자기들의 가문을 위한 사적인 예배의 자리를 만들기 위해서 마련한 것이었다. 지금은 공공의 것이 되었으며 권문 세도가의 이름은 채플의 명칭에만 남아 있다.

크리스마스와 에피파니

크리스마스 전후부터 1월 6일까지 계속, 기독교국 특유의 여러 가지 전통 행사

연말연시의 여행 때는 현지의 휴일에 유의해야

연휴를 갖기가 쉽기 때문에 연말연시에는 유럽을 여행하는 사람이 매우 많다. 유럽에서는 12월 25일부터 1월 6일 사이에 일요일 이외의 축제일이 4일이나 있으며, 그런 날에는 상점도 모두 문을 닫으므로 계획을 잘 짜는 것이 중요하다.

크리스마스이브에도 교회에 가고 다음 날 아침에도 교회에 갔다가 온 가족이 함께 축하의 점심을 먹는 것이 유럽인들의 습관이므로 크리스마스라고 하지만 거리는 조용하기만 하다. 광장에 큼직한 크리스마스트리가 장식되어 있거나 교회 안과 광장 등에 예수 탄생의 광경을 나타내는 장식이 있어 겨우 크리스마스 기분을 맛볼 수 있을 정도다.

25일은 상점은 말할 것도

유럽에 빠지는 즐거운 유혹②

없고 미술관, 박물관, 역사적 건조물, 고대 유적지 등도 모두 쉰다. 그리고 26일은 상점은 쉬지만 미술관 등은 문을 여는 데가 많다. 27일부터 31일까지는 대개 평소와 같지만, 미술관 같은 곳은 31일 오후에 쉬는 곳도 있다.

섣달 그믐날 밤은 명랑한 잔치판

31일 밤은 '산 실베스트르의 밤'이라고 하여 많은 호텔과 레스토랑에서는 철야 파티가 열린다. 호텔에서 이 파티가 열리면 보통의 저녁 식사는 나오지 않는 경우가 있으며, 그때는 다른 식당으로 가는 수밖에 없다. 물론 예약만 해 두면 누구든지 호텔의 파티에 참가할 수 있다.

파티에서의 디너가 끝나는 것은 11시 반경이다. 클라이막스에 이르는 것은 자정으로 온 방안의 불이 다 꺼져서 캄캄해졌다가 다음에 확 불이 켜지면 드디어 새해다. 폭죽이 터지고 샴페인으로 건배들을 한다. 방안이 캄캄해지는 순간에는 누가 누구에게 키스해도 상관없는 관습이 있으므로 매력적인 여성은 조심해야 한다. 그 후에는 마시고 노래하고 춤을 추는 명랑한 잔치판이 3시나 4시까지 계속된다.

스키 리조트에서는 역시 원기 완성한 사람들만의 모임인지라 산 실베스트르의 밤 파티는 별나게 떠들썩하다.

1일, 그리고 1월 6일도 휴일

1일 새벽 3시, 4시까지 명랑하게 떠들고 논 뒤에는 오로지 잠으로 보내는 것이 보통이다.

상점은 모두 쉬고, 음식점도 이 날만은 노는 곳이 많으며, 거리는 불 꺼진 듯이 조용해진다. 미술관, 박물관, 역사적 건조물, 고대 유적 등도 모두 문을 닫으므로 1월 1일은 관광객을 울리는 날이다. 2일부터는 정상으로 돌아간다.

우리가 깜박 잊기 쉬운 것은 1월 6일이 에피파니라고 부르는 축제일이며, 상점이 또다시 모두 문을 닫는다는 것이다. 그 사이에 일요일이라도 끼면 쇼핑할 수 있는 날이 의외로 적다. 마침 연말연시의 여행이 최종 단계에 들어서고 쇼핑의 총정리를 하고 싶은 때이므로 갑자기 "내일은 쉽니다."라는 말을 들으면 당황하게 된다.

12월 25일부터 1월 6일 사이에 4회의 축제일을 갖는 것 이외에 일요일도 한두 번 낀다는 것을 염두에 두고 어디서 무엇을 한다는 계획을 잘 짜두는 것이 연말연시의 여행을 더욱 즐겁게 할 수 있는 요령이다.

태양 신생(新生)의 방을 크리스마스로 제정

크리스마스는 예수의 탄신으로 되어 있으나, 실은 예수의 생년월일에 대해서는 전혀 기록이 없어서 모른다는 것이 정확하다. 당시는 제왕이나 귀족의 자식이 아닌 한 출생에 대한 기록이 없는 것이 당연했다.

기독교가 성해진 후로 각지에서 그리스도의 탄생을 축하하는 행사가 자연 발생적으로 시작되었으나, 그 날짜는 1월 6일로 하는 지역이 많은 것 이외는 반드시 일정하지는 않았다. 서기 325년 소아시아의 니케아에서 개최된 종교회의 후 비로소 12월 25일을 그리스도 탄생일로 한다는 결정이 내려진 것이다.

12월 25일은 동지가 지나고 다시 조금씩 해력이 불어나기 시작하는 날이며, 고래로 여러 민족이 이 날을 '새해의 시작', '신생의 날'로서 축하해 오고 있었다.

페르시아에 기원을 가진 태양신을 숭앙하는 미트라 교회에서도 12월 25일을 태양 신생의 성일로 삼고 있었다. 기독교도 이를 본받아 그리스도를 태양으로 보고, 12월 25일을 '신생의 날'로 정했는지도 모른다는 설도 있다.

1월 6일은 구세주가 세상에 나타난 날

우리가 지금 쓰고 있는 달력은 그 원류를 캐면 로마 제국의 달력이다. 초

기의 기독교도들은 로마력의 1월 1일을 천지 창조의 날로 생각하고 구약성서의 첫머리에 쓰여 있듯이 "하느님은 천지 창조의 날로부터 6일째에 인간을 만드셨다."고 하여 사람의 아들인 예수의 탄생일을 1월 6일로 생각했던 것이다. 후에 예수의 탄생일이 12월 25일로 정해지자 1월 6일은 '성모 마리아가 아기 예수를 처음으로 사람들에게 경배시킨 날'이며, 다시 30년 후에는 '예수가 요단강에서 요한에게 세례를 받고, 비로소 사람들에게 설교하는 생활을 시작한 날'로 삼게

되었다.

이 날을 에피파니라고 부르는 것은 그리스어의 '나타나다' 라는 말에 유래하며 가톨릭에서는 '예수 공현(公顯) 축일' 이라고 부른다.

마태복음에 쓰여 있듯이 동방 박사 세 사람이 별에 이끌려 구세주의 탄생을 알고 베들레헴까지 찾아가 마구간에서 아기 예수를 경배한 것은 1월 6일인 것으로 알려져 있다.

독일어권에서는 어느새 '3인의 박사' 가 승격하여 '3인의 임금님' 으로 되어 이를 '드라이 쾨니게' 라고 부른다. 남부 독일과 알프스 지방의 여러 마을에서는 1월 6일에 청년 네 사람이 '별과 세 사람의 임금님으로 분장하여 어린아이들이 있는 집을 찾아다니면서 과자를 나누어 주는 전통적인 행사가 남아 있다.

한때는 이 전통도 사라져가는 듯 했으나 알프스 지방의 여러 마을에 많은 스키 관광객이 찾아들게 되고 나서부터 다시 부활하고 있다.

옛날에는 부모가 '착한 아이' 에게 몰래 선물을 주는 것도 크리스마스가 아니라 이 '드라이 쾨니게' 날이었다.

그리스 각지에서는 물의 축제, 항구의 축제

그리스에서는 1월 6일에 전국 각지에서 물의 축제, 항구의 축제가 벌어진다. 신부님들이 축복을 드린 십자가를 강이나 호수, 바다에 던지면 젊은 이들이 앞을 다투어 물 속에 뛰어 들어가 바닥에서 그것을 건져 올리는 것이 이 축제의 클라이막스다.

여행자 수난의 이동 축제일

성지(聖枝) 주일, 수난일, 그리스도 승천일, 강림일

당황하는 순간 '오늘은 축제일입니다!'

유럽에 몇 번이나 가 본 사람이면 한 번은 이런 경험을 하지 않았을까? 어느 날 아침, 호텔에서 밖에 나가 보니 거리 전체가 이상하게 조용하고 사람의 그림자도 자동차도 별로 눈에 띄지 않는다. 이상하다 싶어 호텔 사람에게 물어 보면 '무엇을 새삼스레' 하는 표정으로 "오늘은 축제일입니다." 하고 대답한다.

호텔 사람이나 서양인 여행자들은 기독교 축제일을 환히 알고 있고 누구나 진작부터 예기하고 있는 일이니까 새삼 "내일은 축제일입니다." 하고 공고하지 않는다. "모르는 것은 동양인 여행자뿐이더라."로 어느 날 아침 갑자기 청천벽력같이 축제일이 들이닥치는 것이다.

나도 젊었을 때, 인스부르크의 호텔에서 갑자기 "오늘은 코퍼스 크리스티라 어디나 다 놉니다."라는 말을 들은 쓰라린 추억이 있다. 화창하게 갠 초여름의 아침이었는데, 한 순간 눈앞이 캄캄해지는 느낌이 든 것을 지금도 잘 기억한다.

그 후부터 나는 축제일이 다가오면 매우 조심하게 되었다.

'현지에서 실망' 할 때는 너무 늦다

우리나라의 여행사는 대개 기독교의 축제일, 특히 이동 축제일에 대해서는 전혀 관심이 없다. 축제일로 상점은 모두 쉬는데도 여정에는 "오후에는 자유 시간, 쇼핑을 즐기세요."라고 적혀 있거나, 대제일이라 박물관이나 유적지 등이 모두 문을 닫는데도 "역사에 이름난 A유적을 방문한 뒤, 고대 문화의 보고인 B박물관으로" 하는 식으로 진행하는 일이 드물지 않다. 같은 패턴으로 1년에 몇 십 차례나 계획되고 있는 여행 코스에서는 특히 그렇다.

그런 자질구레한 점에까지 고루 신경을 쓰고 있는 것은 극소수의 성실한 여행사에 한정되어 있는 실정이다. 여행자가 스스로 주의하여 대책을 생각하는 수밖에 없다.

주범은 해마다 날짜가 바뀌는 이동 축제일

크리스마스, 에피파니, 성모 몽소승천절(蒙召昇天節, 8월 15일), 제성첨례절(諸聖瞻禮節, 11월 1일)과 같이 날짜가 일정한 것을 고정 축제일이라고 한다. 이에 대해서 부활절을 중심으로 해마다 날짜가 바뀌는 것은 이동 축제일이라고 하는 것이다.

여기서 미리 말해 둘 것은 같은 기독교국이라도 나라에 따라 축제일의 날짜가 다르다는 것이다. 이를테면, 성모 몽소승천절이나 제성첨례절은 가톨릭 제국에서는 축제일이지만, 프로테스탄트 제국에서는 축제일이 아니다. 프로테스탄트에서는 성모 마리아 신앙과 성인 신앙을 없애 버렸기 때문이다. 크리스마스, 에피파니, 부활절, 성신강림절 같은 것은 어느 기독교국에서나 반드시 축제일이다.

문제는 우리들에게 낯선 이동 축제일이라는 것이다. 고정 축제일에 대해서는 각국별 가이드북에 몇 월 며칠이라고 똑똑히 나와 있으나 이동 축제일은 몇 월경이라는 정도밖에 쓰여 있지 않다. 해마다 날짜가 바뀌기 때문에 쓰고 싶어도 쓸 수가 없는 것이다.

다행히 이동 축제일이 있는 것은 3월 말경부터 6월 말경으로 한정되어 있으므로 그 시기에 유럽에 갈 때만 주의하면 된다.

부활절 전후는 여행자 수난의 계절

이동 축제일의 원점은 부활이며 부활절의 날짜를 잡는 것은 '3월 21일 이후, 만월 뒤의 첫 일요일'로 정해져 있다. 만월이 일요일과 겹칠 때는 그 다음 일요일이 부활절이 된다.

왜 이런 복잡한 방법으로 부활절의 날짜를 잡게 되었을까? 예수는 유대인의 대제일(大祭日)인 유월절의 전날 금요일에 십자가에 못박혀 3일째인 일요일에 부활한 것으로 되어 있다. 그것을 현행의 달력으로 고치면 위와 같은 계산법이 나온다고 한다.

그래서 부활절의 날은 해마다 바뀌게 되며 예외적으로 빠른 해가 3월 말경, 보통은 4월에 있다. 그 밖의 이동 축제일은 모두 부활절에서 며칠째 하는 식으로 정해져 있으며 부활절에 따라 해마다 날짜가 바뀌는 것이다.

부활절은 크리스마스와 어깨를 겨루는 기독교의 대제일이며, 어느 기독교 국가나 미술관, 박물관, 역사적 건조물, 고대 유적지 등이 모두 쉰다. 상점은 부활절을 가운데 끼고 4일간의 건너뛰기 연휴가 된다.

부활절 전의 금요일, 곧 예수가 십자가에 못박힌 날은 수난일이라고 부르는 제일(祭日)이고 부활절 다음날도 부활절 월요일이라고 부르는 제일이기 때문이다.

그런 까닭으로 부활절 전후에 유럽을 여행할 때는 잘 생각하여 여정을 짜지 않으면, 정작 목적한 것을 볼 수 없게 되거나 축제일이 계속되어 아무 것도 사지 못하는 일이 생길지도 모른다.

정교(正敎)의 부활절은 날짜가 다를 수도

그리스 정교의 부활절은 날짜가 서방 교회의 그것과 1주일 정도 어긋날 때가 있다. 그리스 정교의 독자적인 계산법을 쓰고 있기 때문이다.

그리스에서는 부활절이 1년 중에서 가장 큰 축제일이다. 부활절을 가운데 끼고 금요일부터 월요일까지 다른 나라에서는 건너뛰면서 쉬는데, 그리스의 상점에서는 완전히 4일간 연휴로 쉰다. 토요일은 축제일이 아니지만 사실상 대부분의 상점이 놀기 때문이다.

그리스 여행에서는 고대 유적과 박물관이 차지하는 비중이 매우 크다. 모처럼 그리스에 갔는데 '그리스 정교의 독자적 부활절'과 마주쳐서 아무것도 보지 못하고, 다음날에는 벌써 그 다음 목적지로 떠나간대서야 너무 억울하지 않은가. 현지에 도착하고 나서야 부활절 때문에 아크로폴리스에 들어가지 못 한다는 말을 들은 여행사의 한 수행원이, 하는 수 없이 관광객을 버스로 필로 파푸스의 언덕에 데리고 가서, 마침 손님 한 사람이 갖고 있던 쌍안경으로 번갈아 파르테논 신전을 바라보는 것으로 관광을 때웠다는 거짓말 같은 실화가 있다.

소련, 동구의 그리스 정교권에서는 기독교의 축제일은 이미 국민의 축제일이 아니지만, 민간 행사로서의 부활절 축제는 여러 가지 형태로 개최되고 있으며 관광과도 큰 관계가 있다. 그 날짜는 그리스와 같다.

무병식재(無病息災)를 바라는 나뭇가지

부활절 전의 일요일은 '성지(聖枝) 주일'이라고 부르며, 이동 축제일의 하나다. 그러나 어차피 일요일이므로 쇼핑 등의 예정에는 직접적인 영향이 없다.

이 날에 남부 유럽을 여행하고 있으면, 아이들이 손에 손에 초록 잎사귀가 달린 올리브 나뭇가지를 들고, 교회에서 나오는 것을 보게 된다.

지역에 따라서는 다른 초록 잎의 가지를 사용한다. 이들 가지는 '성지 주일'을 기념하여 교회에서 축복을 받은 것이다. 한 집안을 무병 식재하게 해주는 부적으로 간주되며 집 안에 장식하거나 문간 또는 베란다 같은 데에 걸어둔다. 그래서 바짝 마른 나뭇가지가 상점이나 식당, 혹은 일반 가정 집 밖에 걸려 있는 것을 쉽게 볼 수 있다.

이렇게 마른 나뭇가지는 다음해의 '성지 주일'에 다시 교회로 갖고 가서 새로 초록 잎이 달린 가지를 받아 오는 것이다.

예루살렘 입성과 '성지 주일'

이 흐뭇한 행사는 예수가 죽기 5일 전에 민중의 환호를 받으면서 예루살렘에 들어간 고사에 유래한다. 마태복음 제21장에는 다음과 같이 적혀 있다.

"제자들은 가서 예수께서 일러주신 대로 나귀와 나귀 새끼를 끌고 와서 그 위에 겉옷을 얹어 놓았다. 예수께서 거기에 올라앉으시자 많은 사람들이 겉옷을 벗어 길에 펴 놓는가 하면, 어떤 사람들은 나뭇가지를 꺾어다가 길에 깔아 놓기도 하였다. 그리고 앞뒤에서 따르는 사람들이 모두 환성을 올렸다. '호산나! 다윗의 자손! 주의 이름으로 오시는 이여, 찬미 받으소서. 지극히 높은 하늘에서 호산나!' 예수께서 예루살렘에 들어가시자……."

이 정경은 '예수의 예루살렘 입성'이라고 부르며, 많은 그림, 조각 스테인드글라스의 제재가 되고 있다.

이와 같이 마태복음에서는 단지 '나뭇가지'로 되어 있지만 요한복음과 같은 글에서는 '종려 나뭇가지'로 되어 있으며 여기서 '종려 주일'이라는 이름도 생겼다.

그러나 종려나무는 어디에나 있는 것이 아니었다. 남부 유럽에나 있었으므로, 첫날부터 생명의 상징으로 여겨 온 올리브 가지를 대용으로 한 경우가 많았다.

성주간 세미나 산타의 대행렬

'성지 주일'에서 부활절에 이르는 한 주일을 성주간이라고 한다. 가톨릭 여러 나라에서의 부활절 행사로서 가장 화려한 것은 이 성주간의 행사일 것이다.

스페인에서의 성주간세마나 산타 행사는 특히 유명하며, 그 중에서도 세비야의 행사는 압도적이다. 삼각형 뾰족 모자를 어깨까지 눌러 쓰고 눈만 빠꼼히 밖을 내다보며 그 아래는 땅에 닿도록 긴 겉옷을 걸친 기이한 복장을 한 사람들이 줄을 잇고 성모자상, 십자가의 그리스도 상, 성인들의 상 등을 가마에 싣고 교회를 출발하여 거리를 누비고 다닌다.

가마라고 하지만 큰 것은 20명 정도의 사람들이 이고 가는 거대한 것이다. 가마가 아니라 호화로운 장식 수레에 성상을 싣고 누비고 다니는 일도 많다.

세비야에 이어 코르도바, 그라나다, 말라가 등 안달루시아 지방에서는 어디서나 세마나 산타의 행렬을 잘 한다. 큰 도시뿐 아니라 조그만 마을에서도 저마다 장식에 취향을 다하여 행렬을 벌이므로 재미있는 구경거리가 된다. 이 동안 온 세계에서 구경꾼들이 몰려들기 때문에 안달루시아 지방의 호텔은 어디나 초만원을 이룬다.

그리스도가 올리브 산에서 승천한 날

부활절에서 40일 후의 목요일은 그리스도 승천절이다. 평일에 느닷없이 나타나는 느낌이 들므로 그리스도 신자가 아닌 사람은 매우 주의해서 체크해야 하는 이동 축제일의 하나다.

예수는 뒤에 남겨 두는 제자들이 걱정이 되었던지 부활한 후에도 40일이나 하늘에 오르지 않고 지상에 머물렀다. 그 동안 막달라 마리아와 제자들 앞에 자주 모습을 나타내고 자기가 죽음으로부터 소생했다는 것을 알렸다.

그리고 예수가 승천했다고 전해지는 장소는 예루살렘의 올리브 산에 있으며 조그만 당집이 서 있다. 굉장히 강하게 땅을 차고 점프한 듯 바위에 푹 꺼진 발자국이 남아 있다. 이 그리스도 승천의 정경도 매우 많은 종교

■ 성령 강림

미술에 테마를 제공해 왔다.

성령이 예수의 제자들에게 내린 날

부활절에서 50일 후의 일요일은 성신강림절 또는 오순절(五旬節, 펜테코스테)이라고 부르는 축제일인데 이것도 평일이므로 주의해야 한다.

오순절은 원래 유대인의 축제일로 첫 곡식을 하느님께 바치고 풍작을 감사하는 날이었다.

구약성서의 레위기 제23장에 "너희가 곡식 단을 흔들어 바친 그 안식일 다음날로부터 만 일곱 주간을 보내고 맞게 되는 그 일곱째 안식일 다음날까지 세면 오십 일이 될 것이다. 그때 너희는 새로운 곡식 예물을 여호와께 바쳐야 한다."로 되어 있다.

예수의 제자들은 유대인이었으므로 당연히 유대인의 제사로서 오순절을 축하했는데 그때 별안간 기적이 일어났다. 신약성서의 사도행전 제2장은 다음과 같이 말하고 있다.

"마침내 오순절이 되어 신도들이 모두 한곳에 모여 있었는데, 갑자기 하늘에서 세찬 바람이 부는 듯한 소리가 들려오더니, 그들이 앉아 있던 온 집

■ 성령 강림
제자들의 머리 위에
불길 같은 혀와 성령
의 상징인 비둘기가
그려져 있다. (엘 그레
코, 1541~1614)

안을 가득 채웠다. 그러자 혀 같은 것들이 나타나 불
길처럼 갈라지면서 각 사람 위에 내렸다. 그들의 마음
은 성령으로 가득 차서 성령이 시키시는대로 여러 가
지 방언으로 말을 하기 시작하였다." 예수의 제자들은
갈릴리 출신의 촌사람들뿐이었는데도 별안간 페르시
아, 메소포타미아, 카파도키아, 프리기아, 이집트, 리
비아, 로마, 크레타, 아라비아 등의 말로 지껄이기 시
작했으므로, 그 지역에서 예루살렘에 와 있던 사람들
은 모두 깜짝 놀라 멍하니 예수의 제자들을 바라보았
다는 말이 그 뒤에 이어진다.

이 기적이 일어난 후로 오순절은 유대교와는 전혀
다른 뜻에서 기독교의 대축제일이 된 것이다. 그것은
기독교가 민족의 벽을 넘고 여러 가지 언어의 장벽을
극복하여 널리 전파된 것을 상징하는 것이다.

같은 축제일을 오순절이라고 하기도 하고 성신 강
림절이라 부르기도 하는 것은 그 때문이며, 전자는 유
대교에서 물려받은 명칭, 후자는 기독교의 새로운 의
의에 비추어서 생긴 명칭이다.

목요일에 있는 코퍼스 크리스티

성신 강림절의 다음 일요일은 '삼위일체의 일요일'
이라고 부르는 이동 축제일인데, 이것은 일요일에만
하는 것이므로 여행에 영향은 없다.

문제는 그 다음 목요일로 코퍼스 크리스티(Corpus
Christi)라고 부르는 이동 축제일이다. '그리스도 성
체(聖體)의 축제일'이라고도 한다.

유럽에 빠지는 즐거운 유혹②

라틴어로 코퍼스는 신체, 크리스티는 크리스투스의 소유격이다. 이날은 가톨릭 지역에서는 휴일이며 상점도 전체가 쉬므로 유의해 둘 필요가 있다. 프로테스탄트 지역에서는 평소와 다름없다.

곳에 따라서는 코퍼스 크리스티에 시가 행렬이 벌어져서 관광의 명물이 된다. 시기는 5월 말경이나 6월, 유럽이 가장 아름다운 계절이다.

들에도 산에도 그리고 도시에도 신록이 넘치고 가지각색의 꽃이 핀다.

보통은 교회의 안쪽 어둑어둑한 자리에 안치되어 있는 그리스도의 상도 이날만은 젊은이들이 메는 가마를 타고 바깥으로 나와 제복(祭服)에 위엄을 갖춘 사제며 새하얀 복장을 한 소년 소녀 성가대를 이끌고 교구 안의 거리에서 거리로 마을에서 마을로 행차를 한다.

어른들도 나들이 옷이라든지 민속 의상을 차려입고 행렬을 뒤따른다. 성가대가 성가를 부르면서 나아가는 데 방해가 되지 않도록 멀리 뒤에 떨어져서 어른들의 명랑한 브라스 밴드가 따라갈 때도 있다. 초여름의 햇빛이 찬란하게 쏟아져서 사진을 찍기에도 좋다.

코퍼스 크리스티의 행렬은 도시와 마을에 따라 그 화려함에 큰 차이가 있다. 여행을 하다가 코퍼스 크리스티를 만났을 때, 전날 밤 호텔 사람에게 물어 보면 그 근처에서 가장 화려한 행사를 하는 곳을 가르쳐 준다. 행사는 전통으로 되어 있어서 해마다 똑같이 거행되므로, 어느 행렬은 어떻다는 것을 그 지방 사람들은 환하게 알고 있다.

대재와 카니발

육식을 끊고 정진하기 전에 실컷 마시고 먹으면서 명랑하게 떠들며 지내는 카니발

성회일(聖灰日)과 40일간의 단식재

'주일'인 일요일을 제외하고, 부활절에서 거슬러 올라가는 40일간을 사순절(四旬節) 또는 단식재(斷食齋), 대재(大齋)라고 한다.

예수가 사람들에게 설교하는 생활을 시작할 때, 우선 먼저 요단강에서 요한에게 세례를 받고 이어 황야에서 40일간 단식한 것을 기념하기 위해 만들어졌다. 기독교라면 모름지기 이 대재의 40일간은 죄와 욕정을 극복하고 정진하여 부활절을 맞이해야 한다.

일요일을 제외한 40일간이며, 부활절에서 거슬러 올라가 7주째의 수요일이 초일이다. 이 날은 '성회일'이라고 하여 재를 덮어쓰고 참회하며, 정진결재(精進潔齋)로 들어가는 날로 되어 있다.

정진결재를 하느냐 않느냐 하는 것은 제쳐놓고라도 단식재 기간 중에는 결혼식 같은 경축행사는 하지 않는 습관이 기독교 국가에 뿌리 깊게 남아 있다. 신심이 깊은 가정에서는 구식을 지켜 단식 기간 중은 육식을 최소한도로 줄인다. 다만 생선은 얼마든지 먹어도 괜찮으며 불교에서 말하는 정진 요리와는 아주 다르다.

유럽에 빠지는 즐거운 유혹②

카니발의 절정은 마르디 그라

단식재에 들어가기 직전에 각
지에서 카니발이 벌어진다. 부활
절에서 역산하면 대체로 2월경
이 된다.

니스 같은 곳의 카니발은 수십
일간이나 계속되는 긴 행사다.
그러나 그런 것은 예외적이며 대
개 지방의 카니발은 '성회일' 전
주의 목요일이 전야제가 된다.

■ 마르디 그라 축제

그리고 금요일부터 일요일까지 내리 춤으로 지새고
월요일에 잠깐 쉰 다음 '성회일' 전날인 화요일에 최
고조에 달한다. 니스와 같이 오래 계속되는 경우에도
이 화요일이 마감인 것은 다름이 없다.

프랑스어로 이 화요일을 마르디 그라(Mardi Gras)
라고 한다. 마르디는 화요일, 그라는 '기름진' 혹은
'육식이 허용되다' 라는 뜻이다.

그 다음날이 '성회일' 인데, 지금은 '춤과 술에 지친
숙취의 수요일' 이 그 실정이다. '재를 덮어쓰고 참회'
하는 대신 '샤워를 하고 낮잠' 을 자는 것이 고작이다.

기원은 로마 시대의 농업신(農業神)의 제사

카니발의 어원은 라틴어로 '육식을 그치다', '고기
와 작별하다' 라는 말이다. 또 하나의 이름은 사육제이
다. 원래는 로마의 농업신 사투르누스의 축제였는데
나중에 기독교에서 받아들인 것이다. 원래 기독교에

는 요란한 축제가 하나도 없었으므로, 이런 이교에 기원을 둔 명랑한 축제를 많이 받아들여서 민중 사이에 기독교의 인기를 높이는 수단으로 삼았던 것이다.

유럽에서는 니스 이외에 라인강의 중류 지방이라든가 벨기에의 방쉬에서 카니발이 성대하기로 이름이 나 있다. 그 밖에 비교적 규모가 작은 카니발이 각지에서 개최되고 있다.

옛날에는 로마의 카니발이 대단히 성대한 것으로 유명했다. 괴테의 〈이탈리아 기행〉, 안데르센의 〈즉흥시인〉, 레스피기의 교향시 〈로마의 축제〉 등에는 저마다 다른 각도에서 본 로마 카니발의 모양이 그려져 있다. 〈즉흥시인〉의 서술은 특히 생생하여, 이것을 읽으면 마치 자기가 그 카니발 속에 끼어 있는 듯한 느낌마저 든다. 그 로마의 카니발도 기독교 신앙의 본지에서 벗어난다고 하여 로마 교황이 금지시켜 버렸다. 같은 취지로 프로테스탄트 지역에서도 카니발을 하지 않게 되었다. 지금 카니발이 남아 있는 것은 주로 로마 이외의 가톨릭 지역이다.

성모 몽소승천절, 제성첨례절, 견진례

국화가 묘지에 넘쳐흐르는 축제 기간, 훌륭한 어른으로 되는 첫걸음 견진례

8월 15일은 성모 마리아의 승천절

지금까지 설명한 것 이외에 한 나라 또는 한 지방에만 있는 기독교 관계의 축제는 아직도 많지만, 가톨릭 지역 전반에 걸친 축제로서는 성모 몽소승천절, 제성첨례절, 위령의 날인 추사기망첨례절 등이 있다.

성모 몽소승천절은 8월 15일이다. 성모 마리아가 하늘에 승천했다고 믿는 날을 기념하여 어느 교회에서나 성대한 미사가 집행되고 상점은 모두 쉰다.

다만 프로테스탄트 지역에서는 평소와 같다. 프로테스탄트는 성서에도 근거가 없는 마리아 숭배에 반대하는 입장을 취하여 이런 축제는 지내지 않기 때문이다.

11월 초의 제성첨례절과 위령의 날

제성첨례절은 11월 1일이며 가톨릭 지역의 휴일이다. 기독교의 역사에 수없이 출현한 모든 성인들의 덕을 추모하는 날로 되어 있다. 그 다음 2일은 추사기망첨례절이라고 하며 고인이 된 모든 신도들을 추모하는 날이다. 휴

일은 아니나 전날에 이어 교회나 각 가정에서 여러 가지 행사가 치러진다.

이 양일은 마치 우리나라의 큰 명절과 같은 느낌이다. 세상을 떠난 가족과 선조의 혼령이 집에 돌아오는 날로 생각되고 있으며, 촛불을 켜고 향을 사르고 맛있는 음식을 장만하여 맞이하는 습관이 남아 있다. 뒤에는 그 음식으로 가족들이 모여서 회식한다.

또 국화를 많이 들고 가서 성묘를 한다. 그러므로 묘지마다 국화로 덮여 보기에 참으로 근사하다. 아울러 말하면 기독교 국가에서는 국화가 영전이나 무덤 앞에 바치는 꽃으로 되어 있고, 그 밖의 경우에는 별로 쓰지 않는다.

그리고 제성첨례절이나 추사기망첨례절은 먼 옛날 이교시대에 베풀어지던 조령맞이 제사가 그 형태를 바꾸어 기독교에 받아들여진 것이라고 한다.

훌륭한 어른이 되기 위한 첫 단계, 견진례

유럽을 여행하고 있으면 일요일이나 기독교의 축제일에 귀여운 신랑, 신부처럼 차려입은 어린이들을 볼 때가 있다. 교회에서 견진례를 받고 오는 길이다.

기독교에서는 세례를 받을 때까지는 기독교 신자가 아닌 것으로 간주되며 만일 세례를 받기 전에 죽으면 천국에 가지 못한다고 믿고 있다. 그래서 아기가 태어나면 되도록 빠른 시일에 교회에 데리고 가서 세례를 받게 한다. 이것을 유아 세례라고 하는데 유아는 교리를 이해할 수 없으므로 초등학교 상급생이 되었을 때 새로 교회에서 신앙 개조를 가르친 뒤 견진례를 치르게 되어 있다.

견진례는 훌륭한 어른이 되기 위한 첫 단계로 생각되고 있으며, 아이들의 가정에서는 가까운 친척이나 친구들을 불러서 자축을 한다.

견진례를 받고 온 어린이들의 사진을 찍어 달라는 부탁을 받을 때는 옆에 있는 양친에게 '축하합니다.' 하고 인사하거나 웃으면서 고개를 숙이고 축의를 표하는 것이 좋을 것이다.

알프스 이북의 봄의 축제와 오월절

산과 들, 숲과 샘, 기암과 거목, 밭 등에 선악 간에 온갖 정령이 깃든다고 믿는다

켈트인과 게르만인의 풍습

기독교보다 훨씬 오래 된 시대의 켈트인과 게르만인의 관습에 따라 현재에 전하는 행사로 알프스 이북의 여러 나라에서 여러 가지 형태로 벌이고 있는 봄의 축제가 있다.

4월 초의 월요일, 취리히에서 개최하는 봄 축제도 그 하나다. 광장에 장작을 산더미처럼 쌓아 놓고 그 위에 '겨울'의 상징으로 종이를 발라 만든 거대한 눈 사나이 베이크를 올려놓는다. 전통의 축제답게 온갖 고풍스러운 복장으로 행진해 온 길드의 대표가 말을 타고 광장을 질주하여 맴도는 동안 장작더미에 불이 붙여지고 눈 사나이는 타오른다.

알프스 이북의 겨울은 어둡고 길며 추위는 혹독하다. 옛날 사람들은 겨울이 되면 갖가지 요괴와 악령이 나타나서 사람에게 재앙을 가져다준다고 믿었다. 겨울이 끝날 무렵 성대하게 불을 피워 눈 사나이를 불사르는 것은 겨울의 악마를 몰아내고 목초와 과수와 곡물이 풍요하게 생육하는 여름을 맞이하려는 사람들의 염원을 나타낸 것이다.

■ 오월주

겨울의 악마를 쫓고, 여름의 결실을 부르는 봄의 축제

같은 취지의 축제는 도처에 있지만, 스위스 동부에서 티롤 지방에 걸친 산마을에는 고대의 풍습이 가장 순수한 형태로 전해지고 있다.

한국의 하회탈을 연상케 하는 기괴한 가면이라든지, 거울을 박은 가면을 쓰고 카우벨과 냄비를 요란스레 두들기며 남자들이 마을 안팎을 뛰면서 돌아다닌다. 겨울의 악마를 쫓고 아직도 땅속에서 잠에 취해 있는 식물의 정(精)을 깨워 일으켜서 녹색을 싹트게 하기 위한 것이다. 겨울의 악마로 분한 남자가 따로 있어서 사람들에게 쫓겨 이리저리 달아나는 시늉도 한다.

축제의 끝맺음으로 큰 모닥불을 놓는 곳도 많다. 역시 겨울 추위와 어둠을 쫓고 여름의 따뜻함과 밝음을 부르고 싶은 소원의 표현이다. 카니발의 마감으로 흔히 불의 제사를 지내는 것 역시 옛 풍습의 잔재로 보인다.

나무의 영(靈)을 불러 여름을 찬미한 오월절

알프스 북쪽의 여러 나라에서는 4월 말까지는 아직도 비 오는 날이 많고 기온도 낮다. 나무가 초록으로 물들고, 꽃이 향긋하게 피는 것은 5월에 접어들면서부터이다. 이 무렵이 되면 목초는 힘차게 자라기 시작하고 날씨도 안정되므로 안심하고 소와 말을 방목할 수 있다.

그런 까닭으로 긴 겨울에서 간신히 본격적으로 해방되어 빛나는 여름을 맞이하는 기쁨의 날이 5월 1일이었다.

숲에 가서 쭉쭉 보기 좋게 뻗어 올라간 나무를 골라 위쪽 가장자리에 붙어 있는 초록의 가지만 남겨 놓고 나머지 가지를 친 다음 마을의 광장에 세운다. 영어로 메이폴(Maypole), 독일어로는 마이바움(Maibaum)이라 일컬어지는 것이다. 나무는 예부터 생명력의 상징이었다.

이 오월주를 돌며 춤을 추고 경기를 한 것이 메이데이의 시초이다. 지금도 남부 독일에서는 도시나 마을에 아름답게 장식한 오월주가 세워진다.

자연과 음식물

유럽의 농촌 이야기

푸른 아름다운 유럽 목초지에도 우리 농촌의 고민과 같은 고민이

토질의 회복과 낙농업 발전의 일석이조를 노리고

푸른 목초지가 풍요롭게 펼쳐진 유럽의 농촌과 산촌은 특히 아름다워서 우리의 경관과는 다른 멋을 보여 준다. 알프스의 주변과 북구 유럽이 특히 그렇다.

급경사지는 몰라도 평지까지 광활한 목초지로 되어 있는 것을 보고, "유럽인은 게으름뱅이다. 이런 평지에 풀만 무성하게 자라게 내버려 둔다는 것은 아까운 일이다. 밭을 간다면 무언가 작물을 심어 먹을 수 있을 텐데." 하고 말하는 동양인 여행자도 있다. 그러나 이 의견은 두 가지 점에서 잘못 본 것이다.

첫째, 중구와 북구는 빙하시대에 빙하에 의해 깎여나간 지역이기 때문에 표토가 매우 얇다. 도로가 절토되어 있는 곳을 관찰해 보면, 표토가 얼마나 얇은지 알 수 있다. 해마다 연속으로 밭농사를 지으면 곧 토질이 메말라서 수확이 줄어든다. 그래서 옛날부터 경작지의 일부를 차례로 목초지를 만들어서 가축을 방목하고 토질의 회복을 꾀하여 왔던 것이다.

둘째, 목초지를 만들어 영농을 하고 그 지방 특산의 치즈를 만들면 매우

부가가치가 높아서 밭농사보다도 훨씬 좋은 수입을
올릴 수 있었다.

■ 알프스 풍경

목초지는 끊임없는 손질이 중요

경탄이 절로 나오도록 아름다운 알프스의 산촌 풍
경은 목초지를 빼놓고 이야기할 수 없다. 급사면에 산
재하는 집들과 숲을 에워싸고 높은 암봉 밑까지 뻗어
나간 푸른 목초지는 봄, 여름, 가을에는 가지각색의
들꽃이 흐드러지게 피고 겨울에는 더없이 훌륭한 스
키장이 된다.

이런 산촌의 목초지는 몇 백 년에 걸친 농민들 노고
의 성과이다. 이 곳의 농민들은 산의 사면을 되도록
편편하게 고르고 목초지로 만들기 위해 풀씨를 뿌린
뒤 잡초를 끈기 있게 뽑아 없앤다. 어떤 풀은 소가 먹으면 죽거나 병이 들고 치즈를 만들 경우 고약한 냄새가 나게 하므로, 그런 나쁜 풀을 발견하면 그 자리에서 뿌리 채 뽑아 없앤다.

여름 동안에는 소를 오로지 고지에서만 방목하고 마을에 가까운 목초지에서는 열심히 풀을 베어 말려서 겨울에 대비한다. 여행자의 눈에 그저 단순히 아름답게만 비치는 목초지는 이와 같은 부단한 농작업을 통해서 비로소 아름답게 유지되는 것이다.

한때 독일인이 별장 대신 티롤의 농가를 구입하는 것이 유행한 적이 있었다. 그들은 이따금 놀러 올 뿐 주위의 목초지를 손질하지 않는 바람에 곧 목초지가 거칠어져서 보기 흉하게 되었다. 게다가 잡초가 멋대로 자라고 멀리 주변에까지 씨가 날아가서 큰 폐를 끼쳤다. 그래서 오스트리아 정부는 외국인이 농가나 농지를 구매하는 것을 금지하고 있다.

농업을 계승하고 싶어 하지 않는 자식들

보기에 그냥 아름답기만 하고 한가해 보이는 유럽의 농촌도 실은 우리의 농촌과 비슷한 고민을 안고 있다. 티롤의 예를 보자.

농가의 첫째 고민은 아들이 농업을 물려받고 싶어 하지 않는 케이스가 많다는 것이다. 급사면의 목초지가 많기 때문에, 평지와는 달리 기계의 도입에 제약이 있어 아무래도 손으로 하는 작업이 많다. 그래서 노동은 고된데도 농사의 수입은 적다. 도시에 나가서 일하는 편이 훨씬 편하고 수입도 더 많으며, 또 "필요할 때 필요한 만큼 길게 휴가를 가질 수도 있다."는 것이다.

이제 유럽인은 얼마나 긴 휴가를 가질 수 있느냐를 삶의 보람의 척도로 삼고 있는 듯하다. 유럽에서도 우리가 제일 대답하기 어려운 질문은 "당신은 1년에 몇 주일간 휴가를 가질 수 있느냐?"는 것이다.

그만큼 휴가에 무게를 두고 있다는 말인데, 낙농은 산 짐승을 상대로 하는 것이기 때문에 그리 긴 휴가를 가질 수 없다. 몇 주일이나 집을 비우는 동안 많은 가축의 뒷바라지를 누구에게 부탁해야 하는데, 이것은 사실 매우 어려운 일이기 때문이다. 부모는 "이 아름다운 티롤의 마을에 있으면, 1년 내내 바캉스를 즐기는 거나 다름이 없다."고 말하지만 젊은 세대는 반드시 그렇게 생각하지는 않는다.

그런데 티롤의 산촌은 이제 어디나 리조트로서 인기가 높아지고 있으며, 마을에 있어도 농사 이외의 일자리와 수입의 길이 늘어나고 있다.

그 때문에 젊은 세대의 이농에 제동이 걸려 귀향하는 사람도 늘어나고 있다. 부모로서는 약간 마음이 놓이는 현상이다.

■ 티롤의 겨울

버터 바다, 치즈 산

EC제국은 지금 농산물 과잉 문제로 골치를 앓고 있다.

제2차 세계대전 직후의 유럽은 식량 확보가 무엇보다도 중요한 문제였다. 한때는 식량관리제도와 같은 제도가 마련되어 농민은 수요의 동향에 개의할 것이 없이 애오라지 증산에만 힘쓰면 되었다. 설령 잉여가 나더라도 정부가 반드시 일정 이상의 가격으로 수매해 주었다.

그런데 근래에 들어와서 농업과 축산 기술의 발전으로 잉여농산물이 발생하기에 이르렀다. 여러 가지 복잡한 사정이 얽혀서 잉여농산물의 문제를 근본적으로 고쳐지지 못한 채 오늘에 이르고 있다. 문제는 낙농제품이 가장 심각하며 속되게 '버터 바다, 치즈 산'이라는 말까지 나오게 되었다.

강제적인 감우(減牛)정책

EC 제국에서는 협정을 맺고 감우정책을 단행한 적이 있었다.

제1단계로서 소의 수량을 일률적으로 5퍼센트 삭감하도록 강제적으로 시행하고 앞으로 마리 수의 증가를 금지한다는 것이 정책의 골자였다. 필요에 따라 다시 삭감을 강화하겠다는 자세였다.

이것은 농민의 격분을 샀다. 많은 각국의 농민 대표들이 브뤼셀에 있는 EC 본부에 몰려가 항의 데모를 되풀이했다. 선두에 선 것은 농촌을 지반으로 하는 각국의 의원들이었다.

영농 규모를 확대해야만 생산성 향상, 원가 절감을 꾀할 수 있는데 그 반대를 강요당했으므로 농민으로서는 괴로웠다.

특히 돈을 빌려서 토지, 건물, 기계에 선행 투자하여 앞으로 낙농업을 시작하거나 확대할 계획을 세웠던 젊은 세대는 엄청난 타격을 입었다. 예정대로 계획을 추진하려면, 누군가 낙농을 그만두는 사람에게서 마리 수의 한도를 인수하는 방법밖에 없었는데 그런 사람이 많을 까닭이 없었다. 결국 빚만 지고 반제(返濟)의 전망조차 서지 않게 되는 딱한 예가 속출했다.

그런데 EC 여러 나라에서는 공동보조를 취해야 하므로 각국의 농업 사정에 의한 이해의 차이와 정치 문제 등이 얽히고설켜서 이러지도 저러지도 못했다.

그래서 각국, 각 지역의 개별적인 사정은 일단 제쳐놓고 아무튼 일률 삭감으로 낙착을 시킨 것인데, 그 때문에 많은 불합리한 일이 발생한 것이다.

EC 지역 내에서의 농작물 자유화의 파도

EC 제국은 역내(域内) 경제의 완전자유화를 착착 진행시키고 있다. EC 안에서는 어느 나라에서 어떤 상품을 어디로 수출하건 일체 자유라는 원칙이다. 우리의 쌀 문제를 가지고 생각해 보더라도 이런 자유화가 지역에 따라 농민의 사활이 걸린 문제가 될 수 있다는 것은 충분히 짐작할 수 있다.

인건비가 싸고 포도의 생육도 빠른 남국에서 대형 탱크로 프랑스에 마구 실려 들어오는 값싼 와인이 그 한 예다. 유명한 상표의 프랑스 와인은 싼 와인과는 경합을 하지 않으니까 상관이 없다. 전적으로 영향을 받는 것은 비슷한 값싼 와인이다.

"사활 문제다. 값싼 와인의 대량 수입을 더 제한하라."고 농민이 정부에 진정해도 EC의 맹주로 자처하는 프랑스 정부로서는 EC의 대원칙에 어긋나는 일을 그리 간단히 할 수가 없는 것이었다.

참다못한 농민은 이따금 실력 행사를 감행하였다. 일종의 데모였다. 싼 와인을 싣고 프랑스에 들어오는 대형 탱크를 가로막고 밸브를 열어 와인을 길바닥에 쏟아 버린 것이었다. 화물은 보험에 들어 있으므로 화주에게는 별로 손해될 것이 없었다. 피해를 입은 것은 대량 와인이 흘러들어간 냇물에 살고 있는 물고기와 가재뿐이었다.

빙하, 그리고 빙하가 낳은 것들

유럽의 산악과 호수의 아름다움은 빙하를 빼놓고서는 운운하지 말라

경관을 만드는 주역은 빙하

알프스와 스칸디나비아의 고산은 지금도 여전히 장대한 빙하로 치장되어 있다. 그뿐 아니다. 빙하시대에 유럽을 덮고 있던 광대한 빙하가 수없이 많은 호수와 협만(峽灣)을 낳아 그 아름다운 경관이 지금은 관광과 끊으려야 끊을 수 없는 관계에 있다.

빙하는 대륙빙하와 곡빙하로 대별된다. 대륙빙하는 편편하고 두꺼우며 광대한 면적을 덮는다. 지금은 남극 대륙과 그린란드에서 전형적으로 볼 수 있으나, 전에는 유럽의 북반부도 대륙빙하에 덮여 있었다. 곡빙하는 우리가 상식적으로 단순히 빙하라고 부르고 있는 것이다.

쌓이고 쌓인 눈이 차츰 여물고 굳어서 큰 얼음 덩어리가 되어, 그것이 서로 엎치락뒤치락 하면서 사면에서 움찔움찔 미끄러져 내려오는 것이 빙하다. 학자가 빙하 위에 얹힌 돌의 움직임을 관찰했더니 알프스 지방의 빙하에서는 1년의 속도가 보통 40미터 정도라는 것을 알았다. 길이 40킬로미터의 빙하라면 정상에 내린 눈은 100년 후에 빙하의 말단에 이른다는 계산이다. 물론 그 도중에서도 빙하의 얼음은 자꾸만 녹아서 증발도 하고 복류수

(伏流水)가 되기도 한다. 말단이란 마지막 얼음이 녹아서 빙하가 사라지는 지점을 가리킨다.

빙하에 실려 온 냉동인간

빙하의 말단에서는 등산가가 수십 년 전에 크레바스^{빙하의 갈라진 틈}에 떨어뜨린 피켈 같은 등산용구라든가 때로는 조난자의 시체가 나오는 수도 있다. 대개는 빙하의 압력에 짓눌려 버리지만, 아주 드물게는 시체가 크레바스 바닥에서 꽁꽁 얼어 조난 때의 모습 그대로 나타난 실례도 있었다고 한다.

연인과 손에 손을 잡고 알프스에 오른 청년이 크레바스에 떨어져서 수십 년 후에 젊었을 때의 모습 그대로 이제 백발의 노파가 된 연인과 무언의 재회를 한다는 소설은 이와 같이 드물게 있는 실례를 바탕으로 하고 있는 것이다.

호쾌 무쌍한 얼음의 폭포

빙하에 가까이 가서 자세히 보았을 때, 우리가 가장 처절한 인상을 받는 것은 크레바스가 종횡으로 발생하고 거대한 얼음 덩어리가 갈라져서 가늘게 곤두선 광경이다. 바닥이 떠서 오른 듯한 급사면을 이루며 빙량이 많을 때 특히 처절한 양상을 보인다. 등산가는 이것을 아이스폴(氷瀑)이라고 부른다.

골짜기의 제일 높은 쪽, 봉우리들의 사면이 세 방향에서 몰려드는 듯한 장소에서는 빙하가 절구의 한쪽이 조금 깨진 듯한 모양의 골짜기를 이룬다. 이것을 카르(圈谷)라고 부르며 일찍이 빙하가 존재했던 일본의 알프스에서도 볼 수 있으나 본고장인 알프스의 여러 산에는 특히 많다. 카르는 호수가 된 것도 더러 있다. 대개는 조그만 호수지만 높은 산 바로 밑에 있기 때문에 산의 모습을 반영하여 참으로 아름다울 때가 많다.

■ 빙하

빙하곡(氷河谷)에서 보는 산악과 호수의 미

봉우리들의 급사면에서 그대로 미끄러져 내리거나 일단 카르에 들어갔다가 넘쳐흐른 얼음 덩어리는 골짜기에 모여 장대한 빙하를 형성한다.

그리고 무서운 압력으로 골짜기의 측면과 바닥을 깎아 낸다. 바위 사이에 스며든 물이 주야의 온도차로 얼고 녹고 하는 과정을 되풀이하기 때문에 바위는 부서지고 빙하에 의한 깎임은 가속된다.

보통의 골짜기는 물의 침식으로 생긴 것이기 때문에, 골짜기의 단면은 대개 V자형이고 골짜기의 줄기도 물의 흐름에 따라 지그재그로 변한다. 그런데 빙하곡은 곡체인 빙하가 거대한 압력을 마음대로 발휘하여 마구 밀고 지나간 자국이므로, 흔히 단면은 U자형을 이루고 골짜기의 줄기도 그냥 밀고 나가서 단순하다. 단면이 U자형으로 되어 있는 전형적인 빙하곡을 특히 U자형 골짜기라고 한다.

U자형 골짜기냐 아니냐는 차치하고라도 산간의 빙하곡에 생긴 호수는 참으로 근사한 경관을 이룬다. 스위스의 피어발트슈테터호별명:루체른 호, 오스트리아의 잘츠카머구트 호수군, 독일의 쾨니히스제, 이탈리아 알프스 남쪽 기슭의 호수군 등은 아주 유명하다.

공중에서 쏟아지는 폭포

호수가 되어 있는 경우 이외에도, 빙하곡, 특히 U자형 골짜기는 관광과 관계가 깊다. 융프라우로 가는 길에 지나가는 라우터브루넨 골짜기, 북구의 여행에서 빼놓을 수 없는 노르웨이의 협만피오르드 등은 그 좋은 예라고 할 것이다.

U자형 골짜기는 높은 낭떠러지 절벽의 사이에 끼어 있고 웅대한 폭포가 걸려 있는 데가 많아 폭포를 좋아하는 사람들에게 저도 모르게 탄성을 지르게 만든다. 상부에 산도 없는 낭떠러지 위에서 느닷없이 폭포수가 왕창 쏟아지는 광경은 이상한 느낌이 들게 한다. 실은 U자형 골짜기의 위쪽에도 산이 있는데 골짜기 밑이라 보이지 않을 뿐이다. 그래서 마치 공중에서 난 데없는 폭포수가 쏟아지는 듯한 느낌이 드는 것이다.

협만은 U자형 골짜기가 침강하여 바닷물이 들어온 것이다. 노르웨이에는 크고 작은 무수한 협만이 있다. 그 중에서도 송네 피오르드가 제일 크며 길이가 160킬로미터나 된다. 몇 가닥이나 되는 가지 피오르드까지 합치면 전체 길이는 300킬로미터에 가깝다.

이 협만은 매우 깊어서 가장 깊은 곳이 1,250미터나 된다. 양쪽의 낭떠러지는 제일 높은 데가 놀랍게도 1,680미터, 여기가 노르웨이 관광의 하이라이트가 되고 있는 것도 당연하며 빙하의 신비로운 작용을 눈앞에 보는 느낌을 갖게 한다.

■ 노르웨이의
송네 피오르드

빙하가 가져다 준 바위 부스러기, 머레인

빙하에 깎여서 떨어진 바위 조각은 빙하에 실려서
내려가지만, 빙하가 도중에서 혹은 말단에서 녹으면
바위 조각만 뒤에 남는다. 이것이 빙퇴석(氷堆石), 측
면에 있는 것을 측퇴석(側堆石)이라고 한다. 하류로
가면 빙하의 바닥에도 많은 퇴석이 있는데, 이것은 저
퇴석(底堆石)이고 말단에 산더미처럼 쌓여 있는 것은
전퇴석(前堆石)이다.

긴 빙하의 하류를 멀리서 볼 때 우중충한 느낌이 드
는 것은 표퇴석에 덮여 있기 때문이다. 그래도 실제로
빙하 위에서 보면, 여기저기 크레바스가 기분 나쁘게
입을 벌려 시퍼런 얼음이 얼굴을 내밀고 있어서 소름
이 쫙 돋는다.

유럽에 빠지는 즐거운 유혹②

갖가지 빙퇴석을 관찰해 보면

스위스의 체르마트에서 등산 철도로 자주 가는 고르너그라트와 같이 빙하의 전체상을 바라볼 수 있는 곳에 가면 빙하 양쪽에 퇴석의 넓은 띠가 있는 것을 잘 볼 수 있다. 그것만이 회백색이고 주위의 산과는 색이 다르다. 홍수 때 진흙물이 빠진 자국 같은 느낌이다. 멀리서 보면 퇴석의 띠가 밋밋한 것 같지만, 현장에 서면 엄청나게 거친 돌산이다.

두 개의 큰 빙하가 합류하는 곳에서는 양자 사이에 거뭇거뭇한 띠가 보이고 아래 하류까지 이어진다. 이것은 양쪽의 측퇴석이 서로 밀쳐서 솟아오른 것으로 중퇴석(中堆石)이라고 한다. 이것도 고르너그라트에서 똑똑히 볼 수 있다.

대륙빙하가 낳은 북구의 호수군

핀란드, 스웨덴 남부, 아일랜드 등에는 크고 작은 무수한 호수가 널려 있다. 비행기에서 내려다보면 그 빼어난 경관에 감탄하지 않을 수 없게 된다.

이들 호수는 북유럽이 광대한 대륙빙하에 덮여 있던 마지막 단계에 빙하의 작용으로 생긴 것이다. 거대한 빙하가 굽이쳐 나가면서 대지를 깎아 낸 자리에, 또는 빙하 퇴석의 언덕에 막혀서 생긴 호수들이다. 또한 대지의 분지를 빙하의 잔재가 차지하고 있었기 때문에 거기만은 토사가 흘러 들어가지 못하여 얼음이 녹은 뒤에 호수가 된 경우도 있다.

발트 해와 북해의 바다 밑이 된 지역에까지 이와 같은 지형이 뻗어 나가 있다고 하니 북유럽을 덮고 있던 대륙빙하가 얼마나 큰 규모였는지 알 수 있다.

관광에 한몫을 하는 내륙 수로

이와 같이 대륙빙하의 작용으로 생긴 호수군은 앞에서 말한 것처럼 상공에서 내려다보면 근사하지만 지상에서 보면 매우 수수한 느낌이다.

빙하 퇴석의 잔재가 나지막하게 펼쳐 나간 언덕과 푸른 임야에 둘러싸여 조용히 숨을 죽이고 있다. 산악의 빙하 골짜기에 생긴 호수와 같은 화려함은 없다.

주위의 지형이 비교적 낮고 편편하여 호수끼리 하천으로 이어져 있는 경우가 많아서 이들 호수는 조금만 손을 대면 편리한 내륙 수로가 된다. 옛날에는 사람과 물자의 수송에 많이 이용되었다.

철도와 자동차가 수송의 주역이 된 지금은 관광에 유용하게 쓰이고 있다. 핀란드 관광의 포인트가 되어 있는 실버라인의 배 여행이 그 좋은 예다.

유럽에 빠지는 즐거운 유혹②

플라타너스, 마로니에, 보리수

신록과 꽃, 그리고 현란한 가을 채색으로 사시사철 풍물시를 연주하는 가로수 길

플라타너스는 버즘나무과로 잎이 넓다는 뜻

유럽에서는 훌륭한 가로수가 많다. 그 중에서도 가장 많은 것이 플라타너스이다.

플라타너스는 버즘나무과에 속하고 탁구공만한 열매가 방울처럼 열리므로 금방 알 수 있다. 나무껍질이 군데군데 큰 조각으로 떨어지는 성질이 있으며, 흔히 담녹색과 담갈색의 얼룩무늬가 진다. 원래는 구슬 모양의 열매가 옛날 산 속에서 수행하던 수도자의 옷에 달린 방울과 비슷한 데서 이런 이름이 붙었으나, 지금은 단순히 '방울을 단 듯한 모양에서' 그런 이름이 생긴 것으로 풀이되고 있다.

플라타너스는 영어로는 'plane tree', 프랑스어로는 'platane'. 모두 그리스어로 '폭이 넓다' 는 뜻의 플라타너스에 유래한다. 잎이 넓어서 이런 이름이 생겼으며, 이미 그리스 시대부터 여름에는 짙은 녹음을 만들고 겨울에는 낙엽이 져서 햇빛을 많이 받게 하는 나무로 요긴하게 생각되어 왔다.

이 나무는 봄이 되면 가지 끝에서 길쭉한 꽃대가 나와 잘 눈에 띄지 않는 조그만 꽃이 동그랗게 모여서 핀다. 그때까지도 그 전 해의 열매가 더러 남

■ 플라타너스

아서 '방울 달림'의 상태로 있는 수가 많다.

마로니에의 그 현란함

나도밤나무과에 속하는 마로니에는 큼직한 잎사귀 모양의 특징이 있어서 금방 알 수 있다.

프랑스어로 마롱은 밤이므로 마로니에만으로도 닮은 밤쯤 되는 셈이다. 가을이 깊어질 무렵, 덧껍데기가 터져서 밤과 비슷한 얼매가 땅에 떨어지는데 열매는 써서 먹지 못한다.

5, 6월경, 2센티미터쯤의 꽃이 높이 20센티미터 정도의 원추화를 이루어 몰려서 핀다. 물러서서 보면 꼭 한 개의 원추형 꽃처럼 보인다. 그것이 큰 나무에 몰려서 피어 있는 광경은 매우 보기 좋다. 꽃잎은 희고 붉은 반점이 있다.

나무에 따라 반점의 크기와 농담이 다르며 꽃 전체

유럽에 빠지는 즐거운 유혹②

가 하얗게 보이는 나무와 진한 핑크 빛으로 보이는 나무가 있다.

보리수는 '인도 보리수' 와는 별종

동양에서 보리수라고 부르는 나무에는 두 종류가 있는데, 식물학적으로는 서로 전혀 다른 나무다. 하나는 인도 보리수로 뽕나무과의 상록수이며 열대와 아열대에서만 자란다. 또 하나는 중국산 보리수인데 피나무과의 낙엽수로 온대에서 자란다.

동양에서는 절의 경내 등에 심어져 있는 보리수는 유럽의 보리수와 같은 종류다. 양자는 특히 잎이 같은 크기의 하트형이라는 점에서 아주 닮았다.

인도 보리수는 부처님이 그 아래서 도를 깨쳤다는 나무로 불교에서는 매우 중요한 상징적인 의미를 갖는다. 그러나 중국에는 이 나무가 존재 하지 않았는데, 잎사귀의 모양이 피나무와 매우 닮아 보리수로 착

■ 마로니에

각한 것이 혼동의 원인이다.

보리수는 꽃의 포엽(苞葉)에 특징이 있다

■ 보리수

유럽에서 흔히 가로수 등으로 이용되고, 슈베르트의 가곡의 제목으로도 이름이 난 보리수는 동양의 보리수와 같은 피나무과의 낙엽수이다. 잎만 있을 때는 특징이 적어서 익숙하지 않으면 식별이 어렵다. 꽃이 피고 열매가 열리면 특색이 드러나서 금방 알 수 있다.

6월경에 담녹색의 청대완두를 연상케 하는 포엽에서 길쭉하게 가지가 갈라진 꽃대가 내려쳐지고 그 끝에 크림색의 아주 작은 꽃이 대여섯 개 핀다.

꽃 자체보다 담녹색의 큼직한 포엽이 눈에 잘 띈다. 아무리 작은 꽃이지만 몰려서 피어 있으면 형용할 수 없는 좋은 향기가 난다.

이윽고 산초나무만한 크기의 열매가 맺고 가을이 되면 포엽과 함께 바람에 후르르 날려서 떨어진다. 보리수 아래 포엽과 열매가 잔뜩 떨어져서 깔려 있는 것을 흔히 본다.

프랑스 등에서는 보리수의 어린 열매를 포엽과 함께 따다가 건조하여 티율이라는 약초 차를 만든다. 이것은 식료품점이나 아침시장 같은 곳에서 팔고 있다. 티율(tilleul)은 프랑스어로 보리수라는 뜻이다.

유럽에 빠지는 즐거운 유혹②

올리브, 사이프러스, 코르크 참나무, 해바라기
지중해성 기후에 적응한 식물들, 신화, 전설과 오늘의 산업에도 중요한 나무들

올리브는 '생명의 양식'이었다

지중해 연안 지역에는 어디를 가나 많은 올리브 나무가 있다.

여름 동안 몇 달이나 비가 오지 않고 다른 식물은 모두 말라 죽은 것처럼 되어도 올리브만은 원기 왕성하게 은녹색 잎을 바람에 펄럭이고 가을이 되면 가지가 휘도록 열매가 열린다. 그 때문에 올리브는 먼 옛날부터 생명의 양식으로서 풍요의 상징, 활력의 상징으로 여겨져 왔다.

지중해 세계의 신화 전설에는 흔히 올리브가 등장한다. 고대 그리스에서 최고의 영예였던 올림픽의 승리관도 올리브의 잎이 달린 가지를 둥글게 만 것이었다.

올리브는 남유럽의 요리에서 빠질 수 없어

오늘날까지 올리브는 지중해 세계의 식생활과 끊으려야 끊을 수 없는 관계에 있다. 올리브 열매는 전채(前菜)와 샐러드에 없어서 안 되고 올리브기름은 어떤 요리에나 반드시라고 할 만큼 많이 쓰인다.

이 점에서는 지중해 연안 지역은 모두 공통이다. 이를테면 프랑스에서도

■ 올리브 나무와 열매

파리를 비롯한 북쪽에서는 요리에 버터만 사용하고, 남 프랑스의 프로방스에서는 오로지 올리브유만을 쓰고 있다.

마르세이유의 명물 부이야베스_{사프란이 든 생선 스}튜-역자 주만 하더라도 올리브유 없이는 말이 되지 않는다.

올리브는 물푸레나무과의 상록 교목이다. 내버려두면 높이가 10미터에 달하여 열매의 수확에 불편하므로 가지치기하여 높이를 조절한다. 심은 지 8년쯤 열매를 맺기 시작하며 그 후는 시들지 않는 한 언제까지나 풍성하게 열매가 열린다. 울퉁불퉁한 멋있게 생긴 노목도 흔히 본다.

초봄에 크림색의 조그만 꽃이 몰려서 피고 물푸레나무과답게 좋은 향기가 난다. 열매는 처음에는 녹색이지만 빨개지다가 익으면서 짙은 자주색으로 변하는 것이 보통이다. 익어도 녹색으로 남는 품종도 있다.

수확할 때는 나무 밑에 넓은 천을 깔고 가는 막대기로 때려서 떨어뜨린다. 물론 손이 닿는 자리는 손으로 딴다.

올리브에는 많은 품종이 있으며 익었을 때의 크기

유럽에 빠지는 즐거운 유혹②

도 차이가 있다. 그대로 먹을 수 있는 품종도 있으나 대개는 써서 먹을 수 없다. 진한 소금물에 담가 두면 쓴맛이 빠진다. 소금물에 담근 다음에 꺼내서 날로 먹거나 절임으로 만들어 먹는다.

날로 먹거나 절임으로 만드는 것은 극히 일부이며 나머지는 모두 올리브유의 원료가 된다. 올리브 열매는 40~60퍼센트의 기름을 함유하고 있으며, 과육(果肉)으로는 올리브유를, 씨로는 올리브 핵유(核油)를 짠다. 올리브를 짤 때 처음 적은 압력에서 나온 첫 올리브유를 최고로 치며, 그것은 샐러드 등을 만드는 데 쓰인다.

사이프러스는 생명과 죽음과 부활의 상징

지중해 세계의 풍경에는 사이프러스가 자주 얼굴을 내민다. 우리나라에는 거의 없는 나무이므로 이국적인 기분을 자아내게 한다. 여름에 기온이 높고 비가 적은 지역에서 잘 자라는 식물이다.

이탈리아 중부에 특히 많으며 서양의 명화에 잘 나오는 점경으로 우리에게 아주 낯익다. 잘 간추려진 원추형 나무 모양이 화면의 균형을 잘 잡아주기 때문인지 화가들은 사이프러스를 배경에 즐겨 그려 넣었다.

시골에 있는 옛날 별장이라든지 수도원 등과 같은 곳으로 통하는 길에 이따금 아주 훌륭한 사이프러스의 가로수를 볼 수 있다. 수도원의 안마당이나 묘지에도 흔히 이 나무가 심어져 있다. 고대로부터 사이프러스는 한편으로

■ 사이프러스 가로수

■ 사이프러스 나무
(고흐, 1853~1890)

는 생명력, 발기한 남근, 풍요의 상징으로 간주되었
고, 한편으로는 죽음, 저승, 부활의 상징이 되었다.

프로방스 지방에서는 사이프러스가 과수원의 방풍
림으로 잘 이용되고 있으며, 고흐가 이 나무로 역작을
그린 것으로도 유명하다.

코르크 참나무는 껍질이 벗겨지는 것이 사명

리스본과 세비야 사이는 버스 여행으로 잘 지나가는
코스인데 도중에 코르크 참나무의 광대한 숲이 많다.

코르크 참나무는 참나무과의 상록 교목으로 높이가
20미터까지 자란다. 껍질에 두꺼운 코르크 층을 형성

유럽에 빠지는 즐거운 유혹②

하는 성질이 있으며, 이것을 벗긴 것으로 와인의 마개, 그 밖에 온갖 코르크 제품을 만든다.

심어서 20년쯤 되면 코르크층이 5센티미터 이상 두꺼워져서 코르크를 채취할 수 있게 된다. 그 후는 8, 9년마다 다시 채취할 수 있다. 겉질에서 수분이 증발하는 것을 막기 위해 참나무는 열심히 코르크를 만드는데 무정한 인간이 그것을 사정없이 벗겨 가는 것이다.

벗긴 채로 나두면 해충이 붙기 쉬우므로 약을 칠한다. 약을 갓 칠한 코르크 참나무의 줄기는 선명하게 진한 주황색을 띠므로 사진의 소재로 재미를 준다.

코르크 참나무에서 생기는 여러 가지 물건

코르크 참나무는 스페인, 남프랑스, 남이탈리아, 북아프리카 등에서도 재배되고 있으나, 포르투갈이 세계 제1의 코르크 생산국이다. 코르크는 액체는 통과시키지 않지만 미량의 공기는 통과시키므로 와인의 마개로서는 둘도 없는 물건이다. 코르크 마개가 아니고 플라스틱이나 금속의 마개를 하는 것은 싸구려 와인에 속한다.

와인의 마개는 반드시 완전한 모양을 프레스하여 뽑아 내어 만드는데 그러자니 많은 부스러기가 남는다. 그것을 접착제를 섞어서 압축하여 여러 가지 코르크 제품을 만든다. 바닥이나 벽의 고급 단열 방음재

■ 코르크 나무

는 그런 것 가운데 하나다.

포르투갈에는 인형, 쟁반, 받침접시 등 아름다운 코르크 제품들이 많이 있다. 관광객들은 신기한 그 제품들을 선물로 많이 구입한다.

해바라기 꽃밭에 나도 모르게 탄성을

여름에 스페인, 포르투갈, 프랑스 등지를 여행하고 있으면 끝없이 해바라기 꽃이 피어 있는 광경을 자주 만난다. 특히 안달루시아 지방은 들과 언덕을 넘어서 한없이 이어져 나간 해바라기 밭 광경이 그야말로 장관이다.

여름 동안 거의 비가 내리지 않는 곳에서도 해바라기는 자라기 때문에 해바라기를 재배하고 있는 것이며 씨에서 기름을 짜는 것이 목적이다.

해바라기는 국화과로 중미가 원산인데 스페인 사람들이 유럽에 전했다. 씨는 20~30퍼센트의 기름을 함유한다. 기름용으로 개량한 품종에는 40퍼센트가 넘는 기름을 함유하는 것도 있다.

유럽에 빠지는 즐거운 유혹②

치즈, 골라 먹는 즐거움

소와 염소, 물소의 젖을 원료로 카망베르, 로크포르 등을 만든다

식탁에서 치즈를 골라서 덜어 먹는 즐거움

정식 디너에서는 디저트 전에 치즈가 나온다. 쟁반에 놓여 있는 갖가지 치즈 가운데서 자기가 제일 좋아하는 종류의 치즈라든지 처음 보는 색다른 치즈를 골라 덜어 먹는 것은 식탁에서의 즐거움의 하나다.

여러 나라에서도 이 습관이 퍼지고 있으며, 대표적인 치즈의 명칭이나 특징을 잘 아는 치즈통이 늘어나고 있다.

약식의 경우는 치즈가 한 종류밖에 나오지 않는다. 비행기의 기내식에 딸린 치즈가 그런 것이다.

원유에서 생 치즈가 나올 때까지

거의 대부분의 치즈는 우유로 만든다. 드물게 염소, 양, 물소의 젖으로 만든 치즈도 있으며, 독특한 풍미가 있다고 해서 미식가들 사이에 잘 알려져 있다.

치즈에는 많은 종류가 있고 제조법의 미세한 차이점은 천차만별이지만,

■ 치즈를 만들어 건조 · 숙성시키는 모습

대개는 다음과 같다.

먼저 원유를 데워서 스타터_{유산}균를 넣고 가볍게 유산 발효를 일으키게 한다. 다음에 레넷을 첨가하면 단백질이 응고하여 흰 걸쭉한 입상(粒狀)의 커드와 액체인 훼이(乳淸)로 나누어진다. 단백질뿐 아니라 지방과 그 밖의 성분은 대부분 커드 속에 들어가 있기 때문에 치즈는 매우 영양가가 높다.

레넷은 젖을 먹는 송아지의 제4위(胃)에서 추출되며 소량으로도 젖의 단백질을 응고시키는 성질을 가지고 있다. 커드를 부대에 모아 압축하여 훼이를 제거하고 성형하여 소금을 첨가한 것이 생 치즈다.

성형된 흰 생 치즈를 두부처럼 물에 담가 놓았다가 그대로 먹기도 한다. 이탈리아의 명물 모차렐라가 좋은 예다. 원래는 물소의 젖으로 만들었으나 지금은 거의 우유로 만든다. 셀프 서비스의 식당에도 놓여 있다.

숙성으로 생기는 치즈의 개성

아시아, 아프리카에서는 우유나

유럽에 빠지는 즐거운 유혹②

염소젖으로 만든 하얀 생 치즈를 그 상태 그대로 많이 먹는다. 유럽에서는 생 치즈를 그대로 먹는 것은 예외적이고 대개는 오랫동안 건조, 숙성시켜서 먹는다.

숙성 때는 유산균, 프로피온산균, 흰곰팡이, 푸른곰팡이 등 미생물의 도움을 빌리는 일이 많다. 다종다양한 치즈의 특징, 풍미, 색조, 경연(硬軟)의 정도는 주로 숙성 방법의 차이로 생긴다.

건조, 숙성의 정도에 따라 치즈는 연질, 반경질, 경질의 세 종류로 대별된다.

연질 치즈의 여왕 카망베르

카망베르는 연질 치즈의 대표격이다. 독특한 흰곰팡이를 사용하여 숙성시키기 때문에 겉은 약간 허여멀겋고 딴딴하지만, 속은 노랗고 걸쭉한 것이 맛있기가 이루 말할 수 없다. 가게에서 사면 앞으로 며칠 후에 먹기가 알맞게 된다고 가르쳐 준다. 아직도 미생물의 활동이 왕성하게 진행 중이므로 가장 맛있어지는 시기가 있는 것이다.

■ 카망베르 치즈

노르망디의 카망베르 마을에서 처음 만들어진 치즈라 이런 이름이 붙었지만 지금은 각지에서 만들고 있다.

블루치즈의 왕 로크포르

푸른곰팡이를 사용하여 숙성시키는 치즈는 블루치즈라고 총칭되며 반경질의 상태이다. 일반적으로 좀 짠 편이나 맛 또한 각별하다.

남서 프랑스의 몽펠리에와 알비 사이의 중간쯤에 로

■ 로크포르

크포르라는 조그만 마을이 있다. 로마 시대부터 전통을 지닌 블루치즈 로크포르의 산지로서 세계적으로 이름 난 곳이다. 비슷한 블루치즈라도 다른 곳에서 생산되는 것은 로크포르의 이름을 붙일 수 없게 되어 있다.

로크포르는 양유로 만들며 주변 일대의 여러 마을에서 기르는 약 80만 마리의 양에서 원유를 수집한다. 마을 뒤쪽의 암산에 장장 11킬로미터나 되는 동굴이 있으며, 그 동굴 속에서 치즈에 푸른곰팡이를 번식시키는 것이 로크포르의 비법이다.

동양인이 좋아하는 치즈의 여러 가지

암스테르담에서 근교로 나가는 관광에는 전문적으로 치즈를 만드는 농가의 방문이 포함된다. 암스테르담의 북쪽에서는 에담 치즈를, 남쪽에서는 고우다영어로는 가우더 치즈를 주로 만들고 있다.

양쪽 다 동그스름하게 생긴 반경질 치즈다. 별로 부담이 되지 않아서 선물용으로 인기가 높다.

스위스 등에서는 내부에 동그란 구멍이른바 눈이 많이 뚫린 치즈가 여러 가지 있다. 스타터로 프로피온산균을 사용하면 숙성 중 가스가 발생하여 이 같은 구멍이 생긴다.

구멍 뚫린 치즈는 종류가 많고 숙성 정도도 반경질에서 경질까지 여러 가지다. 일반적으로 부드러운 맛이 있어서 우리의 입맛에 맞는다. 호텔 방에서 미니 파티를 열 때는 와인의 안주로 이런 구멍 뚫린 치즈를 사 두면 좋은 효과를 볼 것이다.

유럽에 빠지는 즐거운 유혹②

'치즈 퐁듀'와 가루 치즈

잘 건조시킨 경질 치즈는 바삭바삭한 느낌이 있기 때문에 그대로 먹는 것은 우리의 기호에 맞지 않는다. 스위스에서 치즈 퐁듀에 사용하는 에멘탈이나 그뤼에르, 이탈리아에서 가루 치즈로 만드는 파르미자노 등이 그런 것이다.

파르미자노는 경질 치즈의 전형으로, 2~3년 동안 장기간에 걸쳐서 건조, 숙성시킨다.

그런데 유럽에서 치즈라고 하면, 이상과 같이 커드를 형성하여 자연히 숙성시킨 그대로의 자연 치즈를 말한다. 우리가 대부분 사용하고 있는 가공 치즈는 자연 치즈를 다시 굳히고 다시 녹인 것으로 본래의 맛과 향기는 날아가고 없다.

유럽에서는 이런 가공 치즈를 상대도 하지 않고 가게에서 팔지도 않는다. '자연 치즈가 아니면, 치즈가 아닌 것'이다.

■ 퐁듀

재미있는 술의 탄생 설화

인간은 언제, 어떻게 술을 알았고, 왜 그것을 만들 수밖에 없었을까?

인간에 기쁨을 준 효모

유사 이전부터 인간은 효모라는 미생물의 활동을 이용하여 술을 만들고 빵을 만들어 왔다. 효모는 당분을 에틸알코올과 탄산가스로 분해하고 그 사이에 발생하는 에너지로 사는 생물이다.

빵의 경우 발효로 생긴 탄산가스는 먼저 빵 반죽을 부풀리고 이어 빵을 굽는 단계에서 크게 팽창시켜 폭신폭신한 공포(空砲) 투성이의 빵을 만든다. 그리고 술의 경우, 발효로 생긴 탄산가스는 술지게미를 밀어 올려 술통에 부스럼 딱지 같은 것을 형성시킨다. 와인을 만들 때, 사포모자라고 부르는 것이 이것인데 이 이야기는 나중에 다시 하기로 한다.

맥주나 샴페인의 거품은 발효로 생긴 탄산가스가 원인이다. 밀봉되어 높은 압력 아래 녹아 있던 탄산가스가 마개를 뽑는 순간 갑자기 누름돌을 치운 상태처럼 되어 기체가 확 빠져나오는 것이다.

자연히 발효하여 술이 되는 단 과실

포도와 그 밖에 단 과실의 즙이나 야자의 수액(樹液) 등에는 처음부터 다

유럽에 빠지는 즐거운 유혹②

량의 당분이 포함되어 있기 때문에 효모를 바로 발효시켜 술이 되게 할 수 있다.

효모는 자연계에 얼마든지 존재하며 과실의 껍질 등에 특히 많이 있으므로 단 과실을 그저 눌러 짜부라뜨려서 항아리나 어디에 담아 두면 자연히 발효가 시작되어 술이 된다.

인류는 이와 같이 하여 먼 옛날부터 와인을 만들어 온 것인데, 지금은 품질 관리를 위해 특별히 바람직스러운 효모를 인공적으로 분리 배양하여 사용하고 있다.

사람과 술의 만남을 상상하면

인류가 아직도 수렵 채취의 단계에 있었을 무렵의 일이다. 어떤 사람이 우연히 많은 야생의 포도를 발견했다. 그 자리에서 배불리 먹었으나 그래도 많이 남았으므로 긁어모아 동굴 속의 오목한 바위 같은 곳에 담아 두었다. 그러고는 까맣게 잊고 있다가 한참 지나서 다시 가 보았더니 향긋한 냄새가 풍기는 것이 아닌가!

향기의 근원은 그 포도였다. 그것은 이미 물
컹하게 짜부라져 있었지만 그 국물을 손으로
떠 먹어보니 여간 맛있지 않았다. 이거 먹을 만
하다고 다 먹어 버렸더니 어쩐지 매우 기분이
좋아졌다.

대강 이렇게 해서 인간은 술 빚는 법을 발견하지 않은가 하고 학자들은 생각한다. 단 과실은 자연히 발효하여 술이 되는 수가 많기 때문이다.

이에 대해 온 세계의 여러 민족에 전해지고 있는 '술의 기원'에 관한 전설은 인류가 더 복잡한 방법으로 술을 만들게 되었을 때의 사정을 반영하는 것이라고 한다.

마시고 싶은 마음으로 곡류를 당화(糖化)했다

단 과실 이외에 단 수액이라든지 벌꿀을 물에 탄 것이라든지 아무튼 천연 당분이 함유되어 있는 것을 여러 가지로 이용하여 인류는 술을 만들어 왔고 지금도 만들고 있다.

그러나 천연 당분은 양적으로 한도가 있고 지역과 계절에 따라서도 전혀 얻을 수 없는 경우가 많았다. 그래서 인류는 다음 단계로서 곡류의 전분을 당분으로 바꾸는 당화(糖化) 방법을 개발했다. 이것으로 술의 원료에 대한 제약은 없어졌다. 지금은 감자류의 전분으로 많이 만들고 있다.

중국, 한국, 일본, 인도네시아 등에서는 곡류를 당화하는 데 오로지 누룩곰팡이를 사용해 왔다. 이 기술은 중국에서 개발되어 근처의 나라로 전해진 듯하다. 이에 비해 서양에서는 고대 메소포타미아, 이집트 문명 때부터 엿기름을 사용했다.

중국인도 예부터 엿기름에 당화력이 있는 것을 알고 있었으나 누룩곰팡이 쪽이 훨씬 효율이 좋아 오로지 이것을 사용해 왔다고 한다. 그러나 동서 문명 교류가 활발히 이루어졌는데도 불구하고, 누룩곰팡이를 써서 곡류를 당화하는 기술은 19세기에 이르기까지 끝내 동에서 서로 전해지지 못했다.

이상하다. 빵이 술이 되었다

■ 보리

서양에서 보리로 술을 만드는 기술은 기원전 4000년경 먼저 메소포타미아에서 시작되어 이집트로 전해진 것으로 추정되고 있다. 이에 대해서도 마치 보고 온 듯한 상상의 이야기가 있다.

보리를 항아리에 두었더니 우연히 빗물이라도 들어갔던지 보리가 싹이 터 버렸다. 버리기는 아깝고 하여 발아한 보리를 불에 그슬려 빻아서 빵을 만들었다. 연료 절약을 위해 빵은 한꺼번에 많이 구

유럽에 빠지는 즐거운 유혹②

워서 보관하고, 단단해진 것을 수프나 온수에 담갔다가 불려서 먹는 것이 습관이 되었다. 이런 습관은 유럽의 농촌에도 극히 최근까지 남아 있었다.

기적은 이렇게 해서 일어났다. 빵에 포함되어 있던 엿기름이 온수에서 풀어진 빵을 당화하고 이어 빵에 섞여 들어온 효모가 활동을 시작하여 풀어진 빵이 섞인 액체를 술로 바꾼 것이다. 오늘날 맥주의 원조 같은 것이 이렇게 하여 우연히 생긴 것이라고 상상하는 것이다.

훗날까지 맥주는 빵으로 만들었다

이 상상담에는 근거가 있다. 오랜 세월이 지날 때까지 메소포타미아나 이집트의 주민들은 맥주를 만들 때 엿기름으로 일단 빵을 만든 다음 온수로 녹였다는 것이 메소포타미아에서는 설형문자의 기록으로 이집트에서는 귀족의 무덤에 부장된 인형의 모형으로 남아 있기 때문이다.

맥주를 만드는 데는 오늘날의 맥주 양조에서 하고 있듯이 엿기름을 불에 데운 다음 즉각 당화를 시작하면 된다. 먼저 빵으로 만들 필요는 없다. 그런데 고대인이 엿기름 빵을 고집한 것은 맥주의 제조법을 발견했을 때부터의 전통이 영향을 끼치지 않았나 하는 추측이다.

엿기름 빵에는 이점도 있었다. 황야를 가는 나그네는 엿기름 빵을 가지고 가다가 야영장에서 온수에 담가 두면 다음날 아침에는 벌써 부글부글 발효를 일으켜 가벼운 맥주가 되어 있었다고 한다. 이것이야말로 인류 최초의 휴대용 인스턴트 맥주의 원조이다. 비록 어떤 맛이었는지는 알 수 없지만 말이다.

와인의 주문에 관한 작전 모음

서민적인 술단지가 나오는 술집에서 화려한 일류 레스토랑에 이르기까지

요리 붐을 타고 와인도 붐

와인이란 넓은 의미에서는 과실로 만든 술의 총칭이다. 체리 와인이라든지 뒤에 나오는 사과주, 배술 등이 이에 포함된다. 좁은 의미로는 물론 포도주를 말한다.

우리도 와인에 관심을 가진 사람이 늘어나고 해외여행에서도 와인을 마시는 기회가 많아져서 누구나 이에 대해 약간의 지식을 가질 필요가 생겼다.

이 책에서는 지면의 제약도 있고 하여 와인의 전반에 대해 이야기하기는 어려우므로 그것은 와인 전문 서적에 맡기기로 한다.

여기서는 그런 책에 씌어 있지 않은 아주 실용적인 지식에 초점을 모으기로 한다.

하우스 와인이 있으면 일은 간단

이미 대부분의 독자는 경험했겠지만 호텔이나 레스토랑에서 와인을 주문할 때, 먼저 알고 싶은 것은 그 집에 하우스 와인이 있느냐 없느냐 하는

것이다. 하우스 와인이 있다면 일은 간단해진다.

와인의 종류는 "붉은 것인가, 흰 것인가, 아니면 로제장밋빛인가", 그리고 "양은 글라스 한 잔인가, 아니면 카라프인가, 큰 것인가, 작은 것인가"만 그 집 종업원에게 일러 주면 되기 때문이다. 상표가 있는 병 와인을 주문하는 경우와는 달라서 상표의 선택에 대해 이것저것 논의할 필요가 없어서 편하다.

그리고 하우스 와인은 적포도주와 백포도주뿐이며 로제는 없는 곳이 많다.

서민적민 술단지

손잡이가 달린 서민적인 술단지를 프랑스어로 '피세' 또는 '카라프'라고 한다. 프랑스에서는 피세라고 하는 경우가 많지만 유럽 전체로서는 카라프가 더 잘 통한다. 유리로 만든 것 이외에 민예풍의 도기 카라프도 있다. 다른 빈병을 카라프 대신 쓰고 있는 부담 없는 가계도 있다.

용량은 카라프 큰 것이 1리터, 작은 것은 반 리터가 표준이다. 큰 것은 보통의 와인의 한 병0.8리터 전후, 작은 것은 반병과 양이 같은 집도 있다. 호텔의 카라프는 더 소량인 경우가 많다. "와인은 글라스 한 잔으로는 좀 부족하고, 그렇다고 많이 마실 수는 없다."는 손님의 필요에 호응한 결과이다.

대개의 레스토랑에서는 와인을 통으로 사들여서 손님에게는 카라프로 판다. 그러나 하우스 와인을 병으로 구입하는 집도 있으며, 그런 때는 손님에게 병으로 팔지만 하우스 와인임에는 틀림이 없다. 병으로 나오지만 손님은 와인을 글라스 한 잔만이것을 글라스 와인이라고 한다 주문할 수 있다는 말이다.

상표가 있는 병 와인은 그렇게 할 수가 없다. 손님은 설령 글라스 한 잔밖에 마시고 싶지 않더라도 반드시 병으로 주문해야 하고 돈도 한 병 값을 지불해야 한다.

값에 비해 맛도 향기도 좋아

'하우스 와인은 싸구려'라고 생각하는 사람도 있는 것 같으나 반드시 그렇지도 않다. 호텔이나 레스토랑에서 하우스 와인을 구입할 때는 충분히 음미하고 값에 비해 품질이 좋은 것을 구입해야 한다. 1년 내내 고객에게 제공하는 것이므로 하우스 와인의 질이 나쁘면 그 집의 평이 나빠지고, 따라서 손님이 줄어들 것은 뻔하기 때문이다. 물론 모든 것은 값과 걸맞기 마련이지만 하우스 와인을 마시고 실망하는 일은 아마 없을 것이다.

미식가 지향의 호텔이나 레스토랑에서는 자가 소유의 포도원에서 만든 와인이나 혹은 저명한 와인 양조장에 특별히 주문한 것을 하우스 와인으로 쓰는 예도 있다. 그렇게 되면 시원찮은 상표가 붙은 와인보다 하우스 와인 쪽이 훨씬 고급이 된다.

병으로 모아서 사는 것이 수행원의 지혜

대체로 서민적인 레스토랑에서는 하우스 와인밖에 없고 고급 장소에서는 병 와인만 판다.

일반적으로 동양인 관광 단체가 머무는 호텔은 그 중간이며 하우스 와인과 병 와인 양쪽을 준비해 두는 경우가 많다. 현지 사람들은 보통 비교적

싼 하우스 와인으로 끝내고 무슨 특별한 일이 있으면 병 와인으로 하는 식으로 가려서 쓰고 있다. 우리도 그렇게 해야 할 것이다.

'여기는 고급이노라' 하고 뽐내는 듯한 호텔이나 레스토랑에서는 상표가 붙은 병 와인밖에 팔지 않는다. 그런데도 단체객 가운데는 "와인을 한 잔만 마시고 싶소. 주문해 주시오." 하고 태연히 말하는 사람이 있어서 여행사 수행원은 애를 먹는다고 한다.

"여기는 고급이라서 와인을 드시려면 병으로 주문하셔야 합니다." 하고 설명해도 그 이유를 이해하지 못하는 사람도 있어서 툴툴거리며 주스로 바꾸어 버리는 사람도 있다. 그렇게 되면 기분을 잡치기 마련이므로 수행원이 먼저 제안하여 글라스 한 잔만 마시겠다는 사람을 모아서 한 병이나 반병을 주문하는 것이 좋을 것 같다.

와인 리스트의 해독법

다음의 난제는 와인의 상표 선택이다.

고급 레스토랑쯤 되면 와인 리스트만으로도 책 한 권의 부피가 되며, 몇 백 종류나 되는 와인이 즐비하게 나열되어 있다. 같은 상표가 양조년도에 따라 세분

되는 형편이다. 책장을 대강 넘겨보는 것만도 현기증이 날 지경이다.

그러나 무슨 일이고 해 보면 어떻게 되는 법이다. 주저하지 말고 와인 리스트의 공략을 시작하기로 하자. 대개의 와인 리스트는 3부로 구성되어 있다. 제1부는 적포도주, 제2부는 백포도주, 제3부는 기타의 마실 음료들이다.

백포도주의 전후에 로제 부분이 있는 것도 있고 없는 것도 있다. "로제에 상표 없다."는 속담이 있을 정도며 미식가들은 로제를 별로 찾지 않는다.

적포도주는 산지별로 색인이 붙어 있고 많은 상표가 정연하게 나열되어 있다. 와인 리스트를 보려면 먼저 적이냐 백이냐에 따라 해당 부분을 펼치고 다음에 산지명의 색인에 따라 훑어 나간다. 와인의 상표는 산지명과 밀접한 관계가 있다. 산지명의 색인만도 너무 많아서 난처할 때가 있다.

같이 간 사람들이 상표 선택을 일임할 때는 만일 거기가 와인의 산지라면 그곳에서 생산되는 와인로컬 와인이 무엇이냐고 종업원에게 물어 보는 것도 한 방법이다. 덮어놓고 아무거나 고르는 것보다는 이 편이 훨씬 합리적이다.

"여행의 추억을 위해 이곳에서 만드는 와인을 한번 맛봅시다." 하고 말한다면 아마 모두 좋아할 것이다. 게다가 그 지방의 와인은 다른 지방의 와인보다 싼 경우가 많다.

그 지방 것이건 아니건 산지명이 정해지면 그 뒤는

유럽에 빠지는 즐거운 유혹②

쉽다. 그래도 아직 몇 개의 상표가 늘어서 있지만 이제는 스위트냐 드라이냐, 값은 얼마냐, 반병짜리는 있느냐상표에 따라서는 반병짜리가 없다 등등에서 마지막에 종업원의 충고를 참고로 결정하면 된다.

무슨 일이나 그렇지만 와인 리스트의 해독도 자기가 적극적으로 해 보는 동안에 익숙해지기 마련이다. 처음부터 종업원에게 맡겨 버리면 언제까지나 요령을 터득하지 못한다.

초일류 레스토랑에서는 와인 담당자에게 일임한다

미식가 전문의 초일류 레스토랑이라면 이야기는 또 달라진다. 요리에 맞추어서 와인을 선택하게 되는데 그쯤 되면 이제 일반 손님이 감당하기가 어려워진다. 다행히 그런 집에는 반드시 와인 담당자(sommelier)가 있어서 손님을 도와준다.

먼저 수석 웨이터가 요리를 주문받으러 온다. 다음에는 와인 담당자가 와인의 주문을 받으러 오는데, 그는 이미 수석 웨이터한테서 손님이 무슨 요리를 주문했는지 듣고 있으므로 손님이 새삼 와인을 말할 필요는 없다. 와인 담당자는 와인에 관해 해박한 지식을 가지고 있어서 어떤 요리에는 어떤 와인이 맞는지 손님의 상담에 응해 주는 것이 직무의 하나다.

만일 일행 중에 와인통이 있다면 그 사람에게 맡겨서 와인 담당자와 이야기하게 한다. 그렇지 않을 때는 와인의 선택을 와인 담당자에게 일임하는 것이 상책이다.

다만 가격면으로 어

■ 와인의 선택은
소믈리에와 상담
하는 것이 좋다.

느 정도의 와인으로 하느냐, 또 전 코스에서 몇 종류
의 와인을 드느냐 등에 대해서는 와인 담당자에게 미
리 말해 두는 것이 좋다.

전 코스를 한 종류의 와인으로 끝낼 수도 있고 전채
(前菜)에서 생선 요리 코스까지는 백포도주, 메인 코스
인 고기 요리에 들어가서는 적포도주로 하는 식으로
두 종류의 와인을 드는 것도 흔히들 하는 방식이다.

호화롭게 할 때는 전 코스에서 네 종류나 다섯 종류
의 다른 와인을 마시는 경우도 있다. 요리마다 그에 가
장 적합한 와인으로 한다는 이야기다. 적은 인원수로
이렇게 하다가는 와인의 낭비가 많아져서 가격에 상당
히 부담이 되겠지만 사람이 많으면 그렇지도 않다.

와인글라스의 수를 자랑하는 파티

디너파티에 초대를 받으면 번쩍거리는 와인글라스
가 테이블에 즐비하게 늘어서 있는 것을 보고 은근히

유럽에 빠지는 즐거운 유혹②

놀랄 때가 있다.

모양이 각각 다른 와인글라스가 이를테면 각자 앞에 네 개가 놓여 있다면, 그것은 전 코스에서 네 종류의 와인이 나온다는 말이다. 웨이터가 틀리지 않도록 와인의 종류마다 모양이 다른 글라스를 사용하는 것이다.

그래서 몇 종류의 글라스가 서 있느냐 하는 것은 그날 손님을 대접하는 주인의 서비스 상태를 나타내는 척도로도 간주된다.

와인의 담당자와 술광

와인 담당자는 독특한 복장을 하고 있으며 열쇠, 포도, 와인 시음접시 같은 것을 모티프로 한 표지를 가슴에 달고 있으므로 금방 알 수 있다.

열쇠는 와인 담당자가 술광의 관리인이라는 것을 상징한다. 초일류 레스토랑의 술광에는 시가 몇 억 원이나 되는 유명 와인이 잠자면서 조용히 나갈 차례를 기다리고 있다. 그런 와인의 구입과 재고 관리도 와인 담당자의 중요한 직무이며 대개 부하를 몇 사람이나 거느리고 일한다.

유명 상표의 와인은 무슨 해에 된 것이 특히 뛰어나다는 식으로 양조 년(Vintage)에 따라 평가가 달라진다. 아직 뭐가 될지 모르는 새 와인일 때 싼 값으로 사들여서 레스토랑의 술광에 뉘어 놓고 대성을 기다리는 것이 구입의 포인트라고 한다. 그러기 위해서는 새 술을 시음하여 장래의 대성도를 내다보는 솜씨를 발휘해야 한다.

재고 관리만 하더라도 전체로 보아 대단히 값비싼 상품이며, 또 몇 해 앞의 동태까지 전망해야 하므로 와인 담당자의 능력은 레스토랑의 경영 그자체에도 크게 영향을 미치게 된다.

멀리 동양에서 온 미식가 일행이라고 일러 주면 주방에 데리고 가서 주방장도 소개시켜 주고 자랑거리인 술광도 보여 주곤 한다.

대도시의 초일류 레스토랑은 교외에 따로 큰 술창고를 가지고 있으며, 가게의 술광에 있는 것은 재고의 일부에 지나지 않는 경우도 많지만 그래도 해묵은 와인이 거미줄 같은 먼지를 덮어쓰고 늘어서 있어 보기에 장관이다.

못 마시는 사람은 미네랄워터로

미식가 취향에 맞는 초일류 레스토랑에서는 와인으로, 혹은 와인을 마시지 못하는 사람은 미네랄워터로 목을 축이면서 요리를 음미하는 것이 보통이다. 주스나 콜라 종류는 감미와 산미가 너무 세서 혀의 감각을 둔감하게 하므로 모처럼 요리의 미묘한 맛을 알 수 없게 한다고 본다.

먼저 아페리티프(食前酒) 대신 오렌지 주스가 나올 때가 있는데, 이것은 식욕을 자극하여 이어 나올 요리를 더 맛있게 느낄 수 있게 하기 위한 것이다. 첫 단계에서 다 마셔야 하는 것으로 되어 있다. 그 뒤는 오로지 와인이나 미네랄워터가 나올 차례다. 그러나 보통의 레스토랑이나 호텔에서 식사할 때는 콜라건 주스건 아무 상관이 없다.

유럽에 빠지는 즐거운 유혹②

이것만 익히면 와인 전문가

의외 부분에서 우리 식과는 다른 서양식, 때와 장소와 경우에 따라 가려 쓰는 재치

시음은 하나의 의식

와인의 주문이 끝나면 다음은 시음을 한다. 이것은 일종의 의식 같은 것으로 꼭 그럴 이유는 없지만, 의식이 끝나지 않으면 일이 진척되지 않는다. 하인이 갖고 온 와인이 과연 손님에게 대접할 만한 것인지를 주인이 먼저 음미해 보았다는 것이 이 시음의 기원이다.

여행지에서라면 와인을 주문하여 일행에게 한턱 내겠다는 사람이 시음을 한다. 실제로 "오늘은 내가 술을 사겠습니다." 하고 말하는 사람이 흔히 있다. 그럴 때 설혹 웨이터가 잘못 알고 다른 사람에게 시음을 권하더라도 시음의 영광은 '와인을 사는 사람'에게 양보해야 한다. 누가 말을 할 줄 아는 사람이 주문주 대신 주문을 하면 웨이터는 그 사람이 주문주인 줄 착각하는 일이 자주 있다.

와인 값을 공동으로 지불할 때는 혹시 와인통이 있다면 그 사람에게 시음의 영예를 주는 것이 좋다. 마개를 따기 전에 웨이터는 먼저 주문주에게 라벨을 보이면서 "주문하신 상표와 양조년이 틀림없습니까?" 하고 확인을 청한다. 값비싼 유명 와인의 마개를 잘못 따버리면 큰일나기 때문인데, 대단찮은 와인을 가지고 확인을 한다면 우스개로 돌리면 된다.

주문주가 고개를 끄덕이면 적포도주일 때는 그 자리에서, 백포도주나 로제라면 와인 쿨러로 차게 한 다음 웨이터가 마개를 따고 주문주의 글라스에 와인을 3할 정도 따르고는 시음을 기다린다.

본격파가 하는 시음의 방법

시음은 간단히 하면 된다. 그러나 여기서는 이야깃거리로 본격파가 하는 방법을 소개하기로 한다. 와인의 프로는 a처럼 글라스를 든다. 보통은 b와 같이 하면 될 것이다. 그리고 글라스를 약간 바깥쪽으로 기울여서 먼저 와인의 색깔과 빛나는 모양을 본다.

다음에는 글라스를 가볍게 돌리듯이 하여 와인의 향기를 글라스 안에 퍼지게 한다. 그런 와인의 향기를 부케꽃다발라고 한다. 그리고 상체를 똑바로 세운 채 '글라스를 코에 가까이 가져가서' 와인의 향기를 충분히 맡는다. 이때 반대로 상체를 굽혀서 '코를 글라스에 가까이 가는 것'은 품위가 없어 좋지 않다.

자기가 해 보면 글라스를 c처럼 잡는 경우, 와인의 색깔과 빛이 잘 보이지 않을 뿐더러 가볍게 돌리는 데도 불편하다는 것을 알 수 있다.

또 차게 한 와인이라면 미지근해질 염려도 있다. 그래서 a, b처럼 쥐는 것이 바람직하다는 것이다.

이어 와인을 입에 물고 혀 위에서 굴리듯이 맛을 살핀 다음, 목구멍으로 넘어가는 느낌을 본다. 가볍게 들이킨 숨을 코로 내쉬면서 향기를 살핀다. 이 향기를 아름이라고 한다. 입에 담은 양이 너무 적어서는 안 된다. 타액

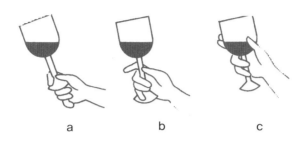

으로 희석되어 진짜 맛과 향기를 알 수 없기 때문이다.

공식적인 자리에서의 건배

시음이 끝나고 주문주가 '굿'이니 '봉'이니 하고 말하면 손님의 상위 순으로 보통은 먼저 나이순으로 여성에게, 이어서 나이순으로 남성에게 돌아가며 와인을 따르고 마지막으로 주문주의 글라스를 마저 채우면 이것으로 의식은 끝난다. 자, 드디어 건배다.

건배할 때 서로 글라스를 찰칵하고 부딪치는 것은 격식을 차리지 않은 경우에 한한다. 격식을 차리는 자리에서는 글라스를 기울일 뿐이며 가까이에 있는 사람과 시선을 맞추어 한마디 축하의 말을 나누는 것이 정식이다.

서양식은 '잔을 내려놓고' 따른다

서양식 식탁의 매너는 우리에게도 널리 보급되어 있지만 아직도 의외로 알려져 있지 않은 면이 있다. 와인을 따라 주고받는 것도 그 중 하나다.

우리는 내려놓은 잔에 술을 따르는 것은 실례로 되어 있지만 서양에서는 잔을 내려놓고 따르는 것이 정식이다. 글라스를 테이블에 놓은 채 따르게 하고 글라스에 손조차 가져가지 않는 것이다.

와인을 따르는 것은 웨이터의 역할이며 손님끼리 서로 와인을 따라 주지 않는 것이 정식이다. 일류 호텔이나 레스토랑에서는 와인 병을 손님의 손이 닿지 않는 사이드 테이블에 놓아두는 수가 많다.

격식을 차리지 않는 가벼운 기분의 자리에서는 우리와 마찬가지로 글라스를 들어올려 와인을 받기도 하고 손님끼리 서로 따라 주기도 한다. 공식적인 것인지, 비공식적인 것인지 때와 장소에 따라 예의범절을 확실하게 가려 쓰는 것이 서양풍이다.

유명 상표의 와인은 좀 적은 듯이 따른다

우리는 맥주건 청주건 넘칠 듯이 남실남실 따라야 하는 것으로 되어 있다. 그것이 머릿속에 박혀 있기 때문인지 와인을 글라스에 가득 따르는 사람이 많은데 이것은 잘못이다.

와인은 글라스에 6할 정도나 많아야 7할 정도밖에 따르지 않는 것이 정석이다. 아주 고급 와인은 3

할 정도만 따른다. 이것은 와인을 우아하게 흔들어서 글라스 안에 그윽한 향이 떠오르게 하기 위해서이다. 와인을 너무 많이 따르는 것은 안 된다. 그러니까 넘실거리도록 따르는 것은 말이 안 되는 이야기다.

와인글라스에는 가느다란 다리가 달려 있으므로 가득 따르면 시각적으로도 불안정하다. 6할 정도까지 따르는 것이 가장 아름답게 보인다.

유럽에 빠지는 즐거운 유혹②

사과주의 매력 탐구

포도주 외의 갖가지 과실주도 여행의 즐거움을 북돋아 주는 상큼한 조연자

높아진 시드르에 대한 관심

우리는 사이다라고 하면 단맛이 있는 소다수를 말하지만, 이것은 우리만 쓰는 이름으로 청량음료의 메이커가 붙은 상품명에 유래한다. 대개 외국에서는 사이다는 사과주를 가리킨다. 프랑스어로는 시드르라고 한다.

유럽에서는 사과가 많이 나는 지역이면 어디서나 사과주를 만들고 있는데, 특히 유명한 것은 프랑스 노르망디 지방의 시드르이다. 요리 붐의 탓으로 요즈음은 우리나라에서도 시드르에 관심을 갖는 사람이 많아져서 국산 시드르가 시판되고 있을 뿐 아니라, 백화점 같은 곳에서는 수입 시드르도 볼 수 있다.

순수 시드르는 프랑스에서

국산품은 차치하고 수입 시드르는 반드시 브랜디나 당분을 첨가, 가열하여 잘 상하지 않게 해 놓았다. 왜냐하면 원료인 사과는 본래 당분이 적기 때문에 발효시킨 사과주도 알코올 성분이 적어서 매우 상하기 쉽기 때문이다. 여기까지 수송하려면 강력한 방부 처리를 해야 한다.

■ 시드르

그래서 순수한 사과주의 본고장인 노르망디 산 시드르를 음미하고 싶다면 프랑스에 갔을 때가 좋은 기회이다. 노르망디는 말할 것도 없고 프랑스 어디를 가나 노르망디 요리를 파는 레스토랑이면 시드르가 있다.

순수 시드르는 병 밑바닥에 반드시 침전물이 뜨고 또 독특한 향기가 난다. 이 향기야말로 천연 양조 시드르의 진가인데 인공적으로 맛을 조절한 시드르밖에 마셔 보지 못한 사람, 특히 나이든 여성들 가운데는 싫어하는 사람도 있다. 알코올 성분은 약하고 산뜻해서 마시기 쉬운 술인데도 말이다.

시드르를 증류한 칼바도스

노르망디는 기후가 냉랭해서 포도가 잘 자라지 않으므로 지방 사람들은 옛날부터 사과주를 만들어 포

유럽에 빠지는 즐거운 유혹②

도주를 대신하는 음료로 애용해 왔다.

그러나 앞에서 말한 것처럼 사과주는 상하기 쉬워서 장기 보존이 어렵다. 그래서 이것을 증류하여 알코올 성분을 35퍼센트 정도로 하여 보존에 편리하도록 만든 것이 칼바도스다.

칼바도스는 시드르 생산의 중심이 되는 주의 이름이다. 지금은 이 증류주의 이름 때문에 널리 알려지게 되었다. 레마르크의 소설 〈개선문〉에서 주인공 라비크가 내일을 모르는 유랑의 신세의 우수를 달래기 위해 자주 마신 술도 이 칼바도스다.

본고장 노르망디는 고사하고 파리 같은 곳에서는 한참 전까지만 하더라도 칼바도스는 노동자가 마시는 술로 간주되고 있었다. 값이 싼 데 비해 알코올 성분이 강하고 금방 거나한 기분이 들 수 있기 때문이었다. 지금은 웬만한 유명 상표에 속하는 술이다.

파리의 카페에서는 어디서나 칼바도스를 팔고 있다. 지하의 석굴 감옥이었다는 샹송 주막 카보데 즈부리에트 같은 데도 있다.

갓 증류한 칼바도스는 무색투명이지만 떡갈나무 통에 담아 3년 이상 숙성시키는 동안에 진한 호박색이 된다. 독한 술이라 조그만 글라스로 나오는 것을 조금씩 마신다.

노르망디의 술집에 가면 몇 종류나 되는 칼바도스를 팔고 있는데, 무색투명의 갓 증류한 칼바도스는 싸고 10년, 20년 숙성시킨 유명 상표는 값이 코냑과 거의 맞먹는다.

아펠바인은 강 건너에서

벨기에에서는 보통의 시드르 이외에 갖가지 과실의 색깔과 향기를 가미한 여러 가지 시드르도 만들고 있으며 여성들에게 인기가 있다.

독일에서도 사과주독일어로는 아펠바인가 애음되고 있는데 그 중에서도 프랑크푸르트의 강 건너 작센하우젠 지구는 아펠바인의 명소다. 아펠바인을 파는 술집 겸 레스토랑도 많고 프랑크푸르트 중심부에서 그리 멀지 않아 가벼운 기분으로 한번 들러 보기에 편리하다.

아펠바인을 한 잔 곁들여서 독일의 향토 요리로 저녁을 먹는 것도 좋고 호텔에서 저녁을 먹은 뒤라면 아펠바인만 마셔도 좋다.

여행의 음료에 가장 적합한 사과 주스

독일, 오스트리아, 스위스 등에서는 사과 주스독일어로 아펠자프트를 잘 마신다. 상쾌한 느낌으로 목을 축이는 데 좋고, 또 감미와 산미도 그리 강하지 않아 식사 때 마셔도 음식 맛을 별로 손상시키지 않는다. 동양인 여성 여행자가 유럽에서 제일 잘 마시는 음료로 1위는 오렌지 주스, 2위가 코카콜라인데, 한번 근사한 사과 주스에 맛들인 후에는 사과 주스 집으로 자리를 바꾸는 사람이 많다. 사과 주스는 우리나라에서도 판매되고 있으나 그 매력을 깨달은 사람은 아직 많지 않은 것 같다.

배술과 사과주에 약초를 담그고

알프스의 주변 지방에 가면 목초지에 서양 배, 사과 등의 과수가 많이 서 있고, 가을이 되면 가지가 휘도록 열매가 맺어 있는 것을 흔히 본다.

지금은 트럭으로 얼마든지 멀리 출하할 수 있지만 옛날에는 그러지 못했다. 되도록 집에서 먹고 가까운 도시에 내다 팔고 한 뒤에도 산더미처럼 과실이 남았으므로 으깨어서 커다란 통에 담아 발효시켜 과실주를 만드는 것이 관습이었다. 그리고 과실주만으로는 상하기 쉬우므로 증류주를 만들었다.

각 가정에서는 이 증류주에 알프스의 산야에서 채취한 약초를 담근 약초주를 만들며 술집과 토산품 가게에서 팔고 있다. 트럭 수송과 보관 창고가 발달한 오늘날에는 과실을 증류주로 바꿀 필요는 없어졌으나 약초주를 만드는 전통만은 지금도 이어져 있는 것 같다.

티롤 지방에서 향토 요리를 파는 레스토랑에 가면 아름다운 민속 의상을

유럽에 빠지는 즐거운 유혹②

입은 아가씨가 "우선 한 잔 드세요." 하고 알프스의 약초주를 권한다. 일반 가정에서도 손님에게 "우선 이것부터 한 잔 드시지요." 하고 자기가 자랑하는 약초주를 권하곤 한다.

토산품점에서는 미니어처 병에 담은 여러 가지 약초주를 팔고 있으며 라벨에 알프스의 아름다운 고산 식물의 꽃 같은 것이 인쇄되어 있어서 관광객들은 선물로 매우 좋아한다. 독일 알프스에 있는 노이슈반슈타인 산록의 선물 가게에서도 팔고 있다.

제일 유명한 것은 융담 뿌리를 담근 약초주로 엔치안독일어로 융담이라고 한다. 라벨이 꽃무늬로 된 아름다운 것은 티롤 지방에 많다.

행진의 선두를 가는 '술통 아가씨'

알프스 지방의 사람들은 밴드 행진을 굉장히 좋아한다. 어느 도시, 어느 마을에나 밴드가 있으며, 축제 같은 때는 민족의상을 입고 경쾌한 음악을 연주하면서 늠름하게 행진한다.

밴드 행진의 선두 좌우에는 반드시 판첸트레게린술통 아가씨이 붙는다. 술통 아가씨 없이는 행진도 시작되지 않을 것 같은 느낌이다. 그녀들은 대개 그 도시나 마을에서 1, 2등을 다투는 미인들인데, 어깨에 걸친 납작한 작은 술통에는 전통의 약초주가 들어 있어서 이따금 밴드 멤버들에게 한 모금씩 마시게 하여 신명을 복돋아준다.

축제 때는 밴드의 멤버 이외의 사람들에게도 유료로 약초주를 서비스하여 축제 비용의 일부로 충당하기도 한다. 물론 여행자도 마실 수 있다. 그때는 아름다운 민족의상을 입은 술통 아가씨들과 기념 촬영을 하는 것을 잊지 마라.

판첸은 이와 같이 휴대하기 편리하도록 만든 납작한 술통을 말한다. 옛날에는 축제 때뿐 아니라 평소 산일을 할 때도 사용했다. 트레게린은 그것을 '들고 다니는 여자'라는 뜻이다.

브랜디 이야기

떡갈나무 통에 오래 숙성시키면 비로소 생기는 그윽한 술의 향기

중국과 네덜란드에서도 '소주'가

중국에서는 증류주를 배갈이라고 하지만 옛날에는 소주였다. 〈중국의 술(大谷彰 著)〉이라는 책에 의하면, 당나라 백낙천(白樂天)의 시에 '燒酒 初開琥柏香' 이라는 구절이 있는데, 소주라는 말이 문서에 나타난 최고의 형태라고 한다. '술은 구우면증류하면 비로소 호박의 향기가 열린다.'는 뜻이다.

유럽에서도 마찬가지로 네덜란드어의 브란데빈에서 브랜디라는 말이 생겼다. 브랜디는 포도주, 사과주, 서양배술, 버찌술 등 과실주를 증류한 술의 총칭이다.

과실주를 증류하여 의료 목적으로 사용하는 것은 12세기에 이탈리아에서 시작되었는데 증류의 기법을 완성한 것은 네덜란드의 약제사들이다. 그래서 네덜란드어에 유래하는 브랜디라는 말이 온 유럽에 나아가서는 온 세계에 퍼지게 되었다.

포도주 이외의 과실주는 알코올 성분이 약해서 상하기 쉽고 오로지 증류하여 보존을 도모했다는 것은 앞에서 말한 바와 같다.

지게미술과 '생명의 물'

포도주의 경우, 대량으로 나오는 술지게미를 유효하게 이용하기 위해 지게미를 물에 풀어 증류하여 술을 많이 만들었다. 이른바 지게미술 브랜디이다.

프랑스에서는 이것을 '오 드 비 드 마르(eau do vie do marc)', 줄여서 마르라고 부른다. 지게미술이라도 잘 숙성시킨 것은 독특한 풍미가 있어서 그 방면의 식도락가는 무척 좋아한다. 우리에게는 아직 잘 알려져 있지 않은 마르를 프랑스의 술집에서 사 오는 것도 한 방법이다.

프랑스에서는 일반적으로 브랜디를 오 드 비_{생명의 물}라고 한다. 쇠약해진 병자나 노인이 이것을 마시면 금방 얼굴에 화색이 돌고 생명이 되살아나기 때문이다.

코냑은 'Cognac' 산 브랜디

■ 프랑스의 코냑 마을

천하의 미주(美酒)로 이름난 코냑은 프랑스의 코냑에서 생산된 브랜디의 총칭이다.

유럽에서는 코냑 산 이외의 브랜디에는 코냑이라는 이름을 붙이지 못하게 되어 있다. 소련, 호주 등에서는 라벨의 한쪽 구석에 코냑이라고 써넣은 브랜디를 팔고 있지만, 이것은 일종의 상표권 침해라고 프랑스 측에서 늘 항의하고 있다고 한다.

코냑은 정말로 한 우연한 결과로 태어났다. 루아르 하곡(河谷)과 보르도의 중간에 있는 샤랑트 지방은 와인의 다산지인데, 토질 탓으로 산미가 강하여 거친 맛의 와인밖에 만들지 못했다. 포도가 작황이 좋은 해는

■ 각종 브랜디

■ 브랜디 증류기

이른바 풍년 궁핍이라는 것으로 다른 지방의 양질 와인만으로 수요가 채워져서 이 지방의 와인은 도무지 팔리지 않았다. 술창고는 가득 차서 다음해에 포도가 익어도 술을 담글 공간이 없는 형편이었다.

그래서 마침 와인을 사러 온 네덜란드인의 조언에 따라 우선 증류하여 부피를 약 8분의 1로 줄이고 떡갈나무 통에 담아 저장해 두었더니 맛도 향기도 뛰어난 브랜디가 되었다. 그야말로 전화위복, 와인으로서는 열등이었지만 브랜디로서는 최고품으로 숙성된다는 것이 우연히 실증되었다.

대항해 시대의 파도를 탄 코냑

샤랑트 지방의 중심이 코냑 시이다. 여기서 만들어진 브랜디가 코냑이라 불리게 되었고, 배로 샤랑트 강을 내려가 라 로셸 항구에서 유럽 각지로 선적되어 대호평을 얻기에 이르렀다.

코냑의 생산은 16세기 후반부터 왕성해졌다. 마침 네덜란드, 영국, 프랑스가 대항해 시대를 맞이한 무렵이었으며, 부피도 크지 않고 흔들려도 상하지 않는 브랜디는 원양 항해를 떠나는 배의 음료로서도 매우 귀중하게 여기게 된 것이다.

검은 곰팡이로 덮이는 술창고

제품에 코냑이라는 이름을 붙여도 괜찮은 지역은 지금은 법령으로 명확히 정해져 있다. 그 지역에서는 수천 개나 되는 와인 양조 농가가 저마다 증류하여 통

유럽에 빠지는 즐거운 유혹②

에 담은 원액(原酒)을 코냑 시에 있는 발매 회사가 수
매하는 제도로 되어 있다. 발매 회사는 코냑 시에 광
대한 술창고를 가지고 있으며, 양조·증류하는 농가
에서 수매해 온 원액을 여러 해 동안 저장, 숙성시켜
일정한 품질이 되도록 혼합하여 다시 숙성시킨 다음
병에 담는다.

숙성 중인 원액에서 1년에 1,200만 병의 와인에 해
당하는 알코올이 공기 속에 증발된다고 한다. 이런 알
코올을 영양원으로 하여 술창고의 벽과 기와에는 독
특하게 거뭇거뭇한 곰팡이가 번식한다. 언덕이나 지
붕 위에서 보면 코냑의 술창고만은 기와가 새까맣기
때문에 금방 그것인 줄 알 수 있다.

별의 수, VOSP, X는 무슨 뜻?

헤네시, 마르텔, 쿠르부아제, 레미 마틴 등 코냑의
유명 상표로 통하는 것들은 모두 이런 발매 회사의 이
름이다. 우리에게 잘 알려져 있는 발매 회사만도 약
20개나 된다. 그리고 각사가
다 별의 수라든지, VOSP의 표
시 등으로 등급을 매겨 여러 등
급의 코냑을 몇 종류나 팔고 있
다.

옛날부터 별똥이 많이 떨어
지는 해에 특히 좋은 원주(原
酒)가 생산된다고 전해져서 3
성이라든지 5성 같은 상표가

생겼다.

Y는 very, O는 old, S는 superior, P는 pale, X는 extra의 약자다. 17세기 이래 코냑의 최대 수입국이 영국이었기 때문에, 등급 매김에서 영어를 사용하는 것이 관례가 되었다.

여기서 P의 pale은 착색을 위해 혼합된 것이 아니라, 여러 해의 숙성만으로 생긴 맑은 색조의 품목이라는 뜻이다.

별의 수, VOSP, X 모두 객관적인 기준은 전혀 없다. 같은 발매 회사의 제품 상호간의, 상하의 등급일 뿐이다. 표지가 같더라도 발매 회사가 다르면 품질이 전혀 달라지는 것이 통례이다.

일단 별 셋, VO, VOSP, XO, EXTRA의 순으로 등급이 올라가고 만일 5성이 나와 있다면 그 중간쯤으로 생각하면 된다.

코냑에 이은 브랜디의 명문은 아르마냑이다. 남부 프랑스 피레네 산록 지방에서 나오는 것으로 부채 모양의 병에 들어 있다. 아르마냑도 많은 유명 상표가 있으며 대체로 야성미에 찬 것이 매력이라고 말하고 있다.

유럽에 빠지는 즐거운 유혹②

맥주 이야기

맥주 이야기는 어디서나 비슷비슷, 이렇다 할 신기한 화제는 없지만

로마 시대부터 맥주는 약식 음료

맥주는 매우 인기가 있다. 여행을 가서도 오로지 맥주만 마시는 사람이 많다. 맥주는 고대 오리엔트에서 시작되었으며, 그리스와 로마에서도 많이 양조되었다. 그러나 로마인에게 맥주는 물 대신의 약식 음료였으며 손님을 접대할 때는 반드시 와인을 사용했다. 이 전통은 오늘까지 이어지고 있으며 와인이 생산되는 나라들은 물론 북구나 영국 같이 와인이 생산되지 않는 나라들에서도 정식 식사에서는 항상 지켜지고 있다.

유럽에서 손님을 초대할 때 혹은 초대되었을 때, 상대편이 맥주 양조와 관계가 깊은 사람이 아닌 이상은 와인을 중심으로 생각하는 편이 무난하다.

독일에서 흔히 보는 호프 밭

여름에 남부 독일을 버스로 여행하고 있으면 넓은 밭에 높은 울타리 같은 지주를 만들어 줄기가 긴 식물을 재배하고 있는 것을 흔히 본다. 이것이

맥주 양조에 없어서는 안 되는 호프인데 삼나무과에 속한다. 호프는 암수의 가지가 다르며 조그만 노란 꽃이 구슬처럼 핀다. 수꽃이 맥주에 사용되며 독특한 쓴맛과 향기를 낸다.

맥주에 호프를 넣는 것은 중세부터 시작되었다. 고대의 맥주에는 호프가 들어 있지 않았으므로 지금의 맥주와 맛이 상당히 달랐을 것이다.

너무 차게 하지 않는 것이 서구식

맥주를 아주 차게 하는 것은 한국, 일본, 미국, 동남아 등의 습관이다.

유럽인은 맥주를 너무 차게 하면 진짜 맛을 알 수 없다고 믿고 있으며 우리처럼 몹시 차게 하지 않는다. 독일 같은 데서 "이 맥주는 냉각이 덜 되었다."고 불평하면, "그것이 적온입니다." 하고 바텐더가 반박한다. 다 습관의 차이다. 그 고장에 가면 그 고장의 풍습을

유럽에 빠지는 즐거운 유혹②

따르라고 하지 않는가.

독일에서는 슈나프스라는 강한 증류주를 맥주와 번갈아 마시는 사람도 많다. 슈납스는 고구마 같은 것을 원료로 만들며 무색투명하고 알코올 성분은 40퍼센트 정도로 조그만 글라스로 마신다.

적포도주로 착각하는 상면(上面) 발효 맥주

맥주 효모는 상면(上面) 발효 효모와 하면(下面) 발효 효모로 대별된다. 전자는 고대로부터 사용되어 온 것으로 발효가 진행되면 효모는 자꾸만 위로 떠올라온다. 후자는 근대에 와서 개발된 신종인데, 효모가 모두 바닥에 가라앉기 때문에 기술적으로 처리가 쉽다.

유럽에서 대부분은 하면 발효 맥주지만, 북부독일, 벨기에, 영국 등에서는 지금도 완고하게 상면 발효 맥주도 만들고 있다. 영어로 마일드 또는 브라운 에일이라고 부르는 것이 그것인데, 색은 불그스름하고 탄산가스가 적으며 감미와 독특한 풍미가 있다.

위스키 이야기

황량한 하이랜드 야산을 물들이는 히스, 그 향기에 취할 수밖에 없다

위스키의 어원은 '생명의 물'

위스키 제조법의 원리는 증류 전까지는 맥주와 같다. 와인의 증류주가 브랜디인 것처럼 맥주의 증류주가 위스키라고 해도 원리적으로는 틀리지 않는다.

보리로 위스키를 만드는 것은 먼 옛날 스코틀랜드인가 아일랜드에서 시작되었다. 양자가 서로 원조라고 다투고 있지만 사실은 알 수가 없다. 주민은 양쪽 다 켈트인으로 게일족이다.

위스키의 어원은 게일어로 '생명의 물'을 뜻하는 우식베하(uisge beatha)이다. 이것이 문헌에 남아 있는 가장 오랜 예는 1618년의 스코틀랜드 호족의 장례 기록이라고 한다. 실제로 위스키가 만들어지기 시작한 것은 그보다 수백 년 전인 것으로 생각되고 있다.

유럽에 빠지는 즐거운 유혹②

프랑스의 오 드 비, 북구의 아콰비트, 소련의 보드카 등 증류주의 어원이 '생명의 물'인 예는 그 밖에도 여럿 있다.

피트가 가져다주는 스카치의 훈향(燻香)

보리를 이삼 일 물에 담갔다가 바닥에 널면 싹이 튼다. 열흘쯤 지나서 박이 적당히 자랐을 때, 철망 위에 펴놓고 밑에서 피트를 태우면 맥아가 바삭바삭하게 마른다.

이와 같이 스코틀랜드에서는 피트의 직화(直火)로 건조하기 때문에, 피트의 연기 냄새가 맥아(엿기름)에 스민다. 이것이 스카치에 독특한 훈향인 스모키 플레이버를 주는 원인이다. 아일랜드에서도 엿기름을 건조하는데 피트를 사용하지만 직화가 아니므로 아이리시 위스키에는 훈향이 없다.

스코틀랜드를 버스로 여행할 때, 도로의 질토 부분을 보면 흔히 표토 밑에 시커먼 층이 있는 것을 깨닫는다. 이것이 피트 층이다. 고원의 습지대 같은 곳에서는 무수한 조그만 못과 냇물바닥이 시커먼 것을 잘 볼 수 있다. 한랭한 습지대에서는 박테리아가 별로 활동하지 않기 때문에 마른 식물과 낙엽이 충분히 분해 되지 않고 다량의 탄소를 포함하는 두꺼운 층이 되어 퇴적한다. 이것이 피트이며 이탄(泥炭)이라고 불리는 까닭이 여기에 있다.

스코틀랜드의 하이랜드에 많은 호수는 모두 새카만 빛깔이다. 이것은 강이 실어온 새카만 피트의 미립자가 언제까지나 가라앉지 않기 때문이다. 네스 호도 그 하나이며 자못 괴물 네시가 나올 법한 거뭇거뭇한 색을 띠고 있다.

피트의 채굴과 건조의 현장을 보다

스코틀랜드와 아일랜드의 농민은 옛날부터 피트를 가장 싼 연료로 사용해 왔다. 인구가 적은 데 비해 피트의 양이 많아 거의 무진장이라고 해도

될 만한 연료원이다. 가도에서 벗어나 시골길에 들어서면 이따금 농민이 피트를 채굴하고 있는 것을 볼 수 있다. 옛날에는 습지였다가 지금은 초원이 되어 있는 곳이 채굴의 적지이다. 피트층이 두텁고 더욱이 수분이 비교적 적기 때문이다.

풀이 나 있는 표토를 걷어 내면 그 밑에 두꺼운 피트층이 있다. 채굴에는 날이 편편하고 세로로 긴 특수 삽을 사용한다. 단팥묵을 자르는 대 주걱을 세로로 길게 한 것 같은 모양이다. 피트층도 거뭇거뭇한 색조를 띠고 있으며 수분을 포함하여 끈적한 질감을 주므로 단팥묵과 많이 닮기는 닮았다.

채굴한 피트는 농가의 마당에 되도록 통풍이 잘 되는 모양으로 쌓아 올려서 한여름 내내 말린다. 마르면 푸석푸석해져서 손으로 쪼갤 수 있게 된다. 피트는 위스키 양조업자에게도 팔고 일부는 수출도 하지만, 벽지에서는 지금도 취사나 난방에 사용하고 있다. 피트를 연료로 쓰는 화력 발전소도 있다.

여름의 들판을 아름답게 물들이는 히스

여름에 스코틀랜드나 아일랜드를 버스로 여행하면 넓은 언덕의 사면이 히스 꽃으로 온통 자홍색으로 물

유럽에 빠지는 즐거운 유혹②

들어 있는 근사한 광경을 흔히 본다.

히스는 석남과의 상록 관목이다. 키가 작아서 초본처럼 보이지만 가까이 가서 자세히 보면 목본(木本)이라는 것을 알 수 있다. 조그만 자홍색 꽃이 몰려서 피는데, 토산물 가게에서는 행운의 상징이라며 흰 꽃도 판다.

유리의 문진에 봉입한 것 등 좋은 선물이 되는데, 선물에는 자홍색 꽃이 히스다워 더 좋다. 그리고 영어로 히스(heath)라고 하면, 히스가 군생해 있는 들판을 가리킨다. 개개의 식물이나 꽃은 해더(heather)라고 부른다.

왜 여기서 히스 이야기가 등장하는가? 스코틀랜드의 피트에는 수천 년에 걸쳐 '생과 사'를 되풀이해 온 히스의 향기가 결집해 있으며, 그것이 스카치에 옮겨서 유례없는 향기를 풍기고 있다고 하기 때문이다.

과학적인 근거가 어떻든 스코틀랜드인은 그렇게 믿고 있다. 매우 낭만적인 이야기라 어쩌면 사실인지도 모른다.

몰트와 그레인의 차이?

위스키는 순수하게 엿기름만 사용한 몰트 위스키와 곡류 등을 병용한 그레인 위스키로 대별된다. 후자는 발아시키지 않은 보리, 라이 보리, 옥수수, 때로는 감자 종류의 전분 등을 대량으로 사용하고 그것을 소량의 엿기름으로 당화(糖化)시키는 방법을 쓴다. 엿기름에는 강력한 당화 효소가 있어서 기술적으로는 그것으로 충분한데, 향기가 뛰어난 점에서는 다시 말해서 몰트 위스키가 단연 우위이다.

위스키의 철자는 스코틀랜드에서는 'whisky'지만, 아일랜드, 미국, 캐나다에서는 'whiskey'로 e자가 더 들어간다. 스코틀랜드인은 "어디가 위스키의 본고장인가?"라는 토론에 열중하면특히 술기운이 거나할 때는 이렇게 주장한다.

"이 e가 무슨 뜻인지 아시오? 감자란 말이요, whiske-y인가를 만드는데, 그 친구들 감자를 넣는단 말입니다."

농민이 지켜 낸 몰트의 전통

1823년에 주조법이 개정될 때까지 위스키의 양조에는 무거운 세금이 매겨지고 있었다. 그래서 일반 양조업자들은 원가가 비싸게 먹히는 몰트 위스키를 만들어 봐야 수지가 맞지 않으므로 오로지 싸게 먹히는 그레인 위스키만 만들었다.

다만 하이랜드 농민들만은 관헌의 눈이 미치지 않는 산 속이나 섬에서 전통적인 방법으로 몰래 몰트 위스키를 만들고 있었다. 몰트 위스키는 아주 소규모 설비라도 그럭저럭 제조가 가능하였다. 이런 밀조 몰트 위스키는 맛도 향기도 훨씬 뛰어났으므로 술을 좋아

■ 몰트 위스키 양조장

유럽에 빠지는 즐거운 유혹②

한 국왕 조지 4세라든가 국회의원들은 기를 쓰고 밀조 위스키를 입수하고 싶어 했다고 한다.

관헌에 발견되지 않도록 농민들은 통에 담은 원액을 동굴이라든지, 작업장의 땅 속 같은 데에 감추어 두었다. 그렇게 해 두는 동안에 숙성되어 원숙하고 향기 높은 위스키가 된다는 것을 알았다.

현재 스코틀랜드에서는 몰트 위스키를 만드는 소규모 양조장이 많으며, 근대적인 설비로 그레인 위스키를 양산하는 소수의 양조장과 분업 형태로 되어 있다. 양산된 그레인 위스키에 향기 높은 몰트 위스키를 혼합하는 것이 일반적인 방법이다.

영어로 'distillery증류소'라고 하는데, 요컨대 양조와 증류의 두 가지 작업을 한 장소에서 하고 있는 셈이며 우리에게는 양조장이라고 하는 편이 얼른 알기 쉽다. 양조장은 투어의 관광 코스에도 들어 있으며 창고에는 큰 술통이 무수히 쌓여서 숙성을 기다리고 있다. 술통에서 원액을 떠내어 견학자들에게 시음시켜주기도 한다.

유명 위스키는 블랜더의 손끝에서

몰트 위스키의 양조장을 견학하러 가면 자기 회사 상표의 순 몰트 위스키를 팔고 있다. 이런 순 몰트 위스키는 거리의 술집이나 토산품 가게에서도 팔고 있으며, 우리는 들어 보지도 못한 상표뿐이라 진귀한 선물이 된다.

그러나 자기 회사 상표로 발매되는 것은 몰트 위스키의 극히 일부분이며 대부분은 원액으로 발매 회사에 넘어간다. 조니 워커나 그밖에 우리가 스카치의 상표로 잘 알고 있는 것은 모두 그런 발매 회사의 이름이다.

발매 회사에서는 많은 양조장에서 통째로 원액을 구입, 숙성시켜 갖가지 원액을 혼합하여 일정 품질의 상품으로 만든다. 그 후 다시 더 숙성시킨 다음 병에 담아 발매하는 것이다. 앞에서 설명한 코냑의 경우와 원리적으로는 똑같다. 발매 회사에는 고도의 기능을 가진 블랜더혼합하는 사람가 있어서

때로는 수십 가지 원액을 혼합하여 항상 일정한 품질의 제품으로 완성시킬 수 있다고 한다.

만물상 주인이 시작한 새 방법

1820년 스코틀랜드의 킬마넉이라는 시골 도시에서 한 젊은이가 만물상을 시작했다. 처음에는 잡화물을 팔다가 상하지 않고 확실히 팔리는 상품 하나만 취급하기로 하고 위스키 전문점으로 전환했다.

그 무렵에는 위스키를 술통에서 직접 달아서 양으로 파는 것뿐이었으며 품질 보장도 없고 장사꾼은 싸구려 술에 착색하여 사람을 속이곤 했다. 사는 사람이 자기의 코와 혀로 품질을 확인하는 수밖에 없었다.

그런데 이 만물상 출신의 위스키 가게 주인은 자기가 책임지고 원액을 혼합하여 반드시 일정한 품질로 만들어서 팔기 시작했으며 드디어 큰 성공을 거두었다. 그의 이름은 조니 워커다. 그 후 그의 방법을 본뜨는 사람이 속출하게 되었다.

유럽에 빠지는 즐거운 유혹②

커피 이야기
여행의 피로가 단숨에 풀리는 느낌의 향기 높은 커피가 세상에 나오기까지

콩을 볶는 습관은 아라비아에서

커피의 원산지는 에티오피아이다. 에티오피아

의 시골에 가면 고개를 젖히고 우러러 볼 만

큼 높은 야생의 커피나무가 있다고 한

다. 주민은 자연히 떨어지는 커피콩

을 주워 모아 그대로 끓여서 마신

다고 한다. 재배하는 커피나무는 너

무 높아지면 수확하는데 불편하므로 적

당히 잘라서 높이를 조절했다.

커피는 에티오피아에서 아람으로 전해졌다. 아람은 이슬람의 가르침에 따라 술이 금지되어 있으므로 커피를 애음하는 습관이 퍼졌다.

커피콩을 볶는 것은 아라비아에서 시작되었는데 거기에는 다음과 같은 재미있는 전설이 전해진다.

나그네가 모닥불 옆에서 노숙을 했다. 아침에 눈을 떠 보니 무엇이 타는 냄새가 났다. 커피콩을 담은 주머니를 잠결에 걷어차서 그것이 타다 남은

■ 커피 콩

모닥불의 재에 가서 엎혀 있었던 것이다. 하는 수 없이 탄 커피콩을 끓였더니 놀랍게도 근사하게 향긋한 커피가 되지 않았는가! 이 이야기를 전해 듣고 사람들은 모두 커피를 볶게 되었다는 이야기이다.

향기에 찬 수수께끼의 '검은 음료'

1517년, 맘루크 조(朝)와의 싸움에서 승리하여 카이로에 입성한 오스만 투르크 장병들은 카이로 시민들이 흔히 걸쭉한 검은 음료를 마시고 있는 것을 보고 이상하게 생각했다. 자기들도 시험 삼아 마셔보니 향기가 매우 좋고 기분이 상쾌해졌다.

아라비아에서 이집트로 건너간 이 같은 커피 마시는 습관은 이렇게 하여 오스만 투르크로 전해졌고 다시 베네치아를 거쳐 17세기에는 파리와 런던 등으로 건너갔다.

커피를 마시는 습관이 유럽에 퍼진 또 하나의 계기는 1683년에 일어난 오스만 투르크 군의 제2차 빈 공방전이다. 기독교국 측의 맹 반격으로 패한 오스만 투르크 군은 온갖 물건을 남겨놓고 철수했다. 오스만 투르크 군이 남기고 간 물건 중에 정체를 알 수 없는 거무스름한 콩이 많이 있었다. 무역을 하기 위해 이스탄불에 있다 온 상인의 말을 듣고 빈 시민은 그것이 커피라는 것을 알았으며, "이것이 웬 떡이냐!" 하고 오스만 투르크 군의 이 선물을 즐겨 마시기 시작했다.

가루 채 마시다가 성분 추출 방식으로

그 무렵은 커피라고 하면 어디서나 가루 채 끓여서 그대로 마셨다. 말하자면 죄다 터키 커피 방식이었다. 우아함을 좋아하는 프랑스인이 어떻게 해서 찌꺼기가 입에 들어가지 않도록 린넨 주머니에 커피 가루를 넣고 끓이기 시작했는데 너무 오래 끓였더니 향기가 날아가 버렸다.

■ 커피 여과기

그래서 프랑스인 드 베로이는 1800년에 드립포트를 고안했다. 그 후 사이폰식이 개발되었고, 미국에서는 향기면에서는 조금 미흡했지만 간편한 퍼콜레이터가 널리 사용되었다.

여행과 관계가 깊은 것은 이탈리아에서 개발된 에스프레소영어로는 익스프레스다. 'esprimere' 겉으로 내다의 과거분사가 'espresso'이다. 뜨거운 증기를 불어넣어 향기 높은 커피의 성분을 순식간에 끌어낸다. 카운터에서 금방 손님에게 내 놓을 수 있는 것이 특색이다. 여행을 하면서 짧은 여가를 이용하여 커피를 끓여 먹는데도 안성맞춤이다.

터키 커피를 주문할 때는 단맛의 정도도

■ 터키식 커피

본고장 터키는 말할 것도 없고 그리스나 발칸 제국에서는 지금도 터키 커피를 잘 마신다. 다만 그리스에서는 터키 커피영어로는 터키쉬 커피라고 하면 싫은 얼굴을 하므로 '그리크 커피'라고 말하는 편이 좋다.

터키 커피는 커피콩을 보통보다 더 볶아서 가루로 만들어 설탕과 물을 타서 제즈배에 담아 끓인다. 제즈배는 구리나 놋쇠로 만들며 크기는 찻잔 정도이다. 20센티미터쯤 되는 자루가 달려 있다. 처음부터 설탕을 타기 때문에 주문할 때 '아주 달게', '중간쯤 달게', '조금 달게', 혹은 '설탕 넣지 말고' 등을 일러주어야 한다.

이윽고 끓으면 절반을 테미타스식후의 커리용 소형 컵에 붓고 나머지 절반을 다시 끓여서 테미타스에 마저 따른다. 나머지 반은 물이 적어서 끈적하고 강렬한 커피로 된다. 그렇게 하고 나서 위에 뜨는 맑은 것을 조금씩 마신다. 마지막에는 테미타스 바닥에 칙칙한 앙금이 남는다.

복잡한 맛이 매력인 비엔나 커피

유럽 나라들 중에서는 빈 사람들이 비교적 터키 커피를 잘 마신다. 이것은 일찍이 오스만 투르크의 지배 아래 있던 발칸 제국의 상당한 부분이 그 후 합스부르크가의 왕국에 편입된 잔재라고 한다. 커피 이외에 요리와 과자 같은 분야에서도 빈에는 발칸 제국에 기원을 가진 것이 많다.

빈 시민들이 만들어 낸 독특한 것을 든다면 비엔나 커피가 유명하다. 본바닥 빈에서는 아인슈패너라고 부른다. 손잡이가 달린 글라스에 진한 커피를 따르고 다량의 생크림을 띄워 가루 설탕을 뿌린 것이다. 섞지 않고 그대로 마시면 약간 쓴 커피, 감칠맛 나는 생크림, 그리고 단 설탕이 혀 위에서 서로 혼합되어 맛있다.

■ 비엔나 커피

이탈리아의 카푸치노와 나폴리타노

카푸치노는 이탈리아 태생의 커피다. 강하게 볶은 커피콩으로 진한 커피를 따른 뒤 저어서 거품을 낸 휘핑 크림을 두건처럼 씌운다. 카푸치노회의 수도사가 암갈색 옷에 두건을 쓴 모습이 어쩐지 이 커피를 닮은 데서 이 같은 이름이 생긴 것 같다. 기호에 따라 휘핑크림 위에 계피가루나 육두구 씨의 가루를 뿌리기도 한다.

■ 카푸치노

아울러 말하면 카푸치노회의 수도원은 각지에 있는데 그 중에서 관광 명소로 잘 알려져 있는 것은 로마의 비아 베네토 남단에 있는 산타마리아 델라 콘체치오네, 통칭 '해골사(解骨寺)'다. 갈 기회가 있으면 수도사의 모습을 잘 보라. 단 옥내에서는 두건을 쓰지 않는다.

마찬가지로 이탈리아의 나폴리타노는 큼직하게 자른 레몬을 띄운 블랙커피, 레몬이 가지가 휘도록 열리는 남국다운 커피다. 물론 희망하면 설탕과 크림도 타준다.

추울 때는 아이리시 커피

계피가루, 정향(丁香), 레몬 껍질을 섞어서 울궈 낸 진한 커피에 설탕과 꽤 많은 아이리시 위스키를 타고 휘핑 크림을 띄운 것이 아이리시 커피이다. 휘저어서 섞지 말고 그대로 마신다. 간단히 할 때는 계피가루나 향신료를 쓰지 않는다.

알코올 성분이 상당히 강해서 술에 약한 사람은 좀 취할 정도도. 추울 때 마시면 온몸이 후끈후끈해진다. 아일랜드에서 이 커피를 주문하면 마음에 든다는 듯이 종업원이 여간 좋아하지 않는다.

요염하게 타는(?) 임금님의 커피

최고로 로맨틱한 것이 카페 로와얄이다. 다시 말해서 임금님의 커피이다. 뜨거운 블랙커피에 자기 기호에 맞게 브랜디를 탄다. 그리고 끝에 갈고리가 달린 특수 스푼을 컵 위에 다리처럼 걸치고 각설탕을 올려놓은 다음, 그 위에 브랜디를 붓는다. 방안의 불을 끄고 각설탕에 불을 붙이면, 브랜디가 창백한 불꽃을 내고 타면서 근사한 향기가 사방에 퍼진다. 불길이 작아지면 각설탕을 커피에 떨어뜨리고 살짝 저어 향기를 즐기면서 마신다.

■ 아이리시 커피

브랜디가 있는 호텔 방에서도 커피의 룸서비스를 부탁하여 카페 로와얄을 만들어 마실 수 있다. 보통의 스푼을 이용할 때는 컵 가장자리에 스푼 끝을 얹고 손으로 받치고 있으면 된다.

커피콩을 어떻게 만드는가?

커피나무는 꼭두서니과로 여러 가지 종류가 있는데 재배하는 것은 아라비아 커피 종이 가장 많고 리베리아 커피 종과 로부스터 종이 그 뒤를 잇는다. 이와 같은 나무의 종류별 이외에 재배지의 토질과 기후에 따라 풍미에 미묘한 차이가 생긴다.

커피나무는 잎의 밑둥 언저리에 조그마한 하얀 꽃이 몰려서 피고 이윽고 녹색 열매를 맺는다. 열매는 익으면 엄지 손톱만한 크기의 세로로 약간 긴 모양을 하고 있으며, 색깔은 광택이 나는 산뜻한 적색에서 진한 적색으로 변한다. 이 열매 속에 두 개씩 들어 있는 씨가 커피콩이다. 원래는 열매를 햇볕에 오래 건조한 다음 손으로 비비거나 간단한 기계에 걸어서 과피와 과육을 제거하고 콩만 모았다. 이 방법은 대량 생산에 적합하지 않을 뿐더러 오래 건조하는 동안 과육이 썩고 콩에서 이상한 냄새가 날 때가 있다. 그래서 지금은 수확한 열매를 즉각 물에 담갔다가 껍질과 과육을 제거하고 콩만 건조 발효시키는 방법이 널리 사용되고 있다.

■ 커피나무

문화와
생활의
이모저모

마르지 않는 로마의 식수

로마인 기상의 장대함과 번영의 뒤안길에는 피정복민의 엄청난 희생과 노고가
뒤따랐다

수없이 많은 놀라운 고대의 수도(水道)

로마인은 광대한 영토 안의 곳곳에 대규모 수도 시설을 만들었다. 그 시
설의 일부였던 수도교(水道橋)는 로마 시민에게 마실 물을 공급하였으며,
그 시설의 규모는 지금도 우리를 탄복시키고 있다.

로마인이 여기저기 숱하게 만들어 놓은 수도 가운데서 특히 난공사였던
것으로 추정되고, 로마인의 수도기술, 토목기술에서 최선을 다한 것으로
생각되는 것이 남프랑스의 님의 수도이다. 이 수도 시설의 일부인 퐁 뒤 가
르는 가르강의 계곡을 가로지른 거대한 수도교로 특히 유명하다.

수도인 로마뿐만 아니라 지방 도시에서도 거침없이 큰 수도 건설공사를
벌인 것은 로마의 전성기인 기원전 1세기부터 2세기경까지다. 싸우면 반드
시 이겨 점점 영토를 확대해 나가면서 예속된 지방으로부터 부를 착취했
다. 또 전쟁할 때마다 수만 명의 포로를 노예로 삼아서 필요에 따라 그들을
토목공사에 내몰았던 것이다.

유럽에 빠지는 즐거운 유혹②

오늘 우리들은 퐁 뒤 가르의 거대한 모습에 그저 감탄할 뿐이지만 그 건설현장에 동원된 그 숱한 노예들은 피눈물을 흘렸을 것이다.

이상할 정도로 많은 로마인의 상수 사용량

전성시대의 로마인은 고대민족으로서는 유례없이 사치스러울 정도로 먹을 물을 풍족히 사용하였다. 로마시의 경우 인구 1인당 상수 사용량이 중세에 들어오면서 미미해지다가 그것이 로마 시대 수준으로 회복된 것은 19세기에 들어와서라고 한다.

님의 경우, 시의 바로 뒤쪽 산기슭에서 엄청난 양의 맑은 물이 샘솟아 나왔는데도 불구하고 지금도 여전히 솟아나와 관광의 명소가 되고 있다. 그래도 모자라서 1~2만 톤 이상의 상수를 끌어들일 수 있는 수로를 만들었던 것이다. 로마 멸망 후 님의 인구가 격감한 탓도 있지만 그 샘물만 가지고도 남아돌 만큼 여유가 생긴 탓에 고대의 수로는 방치되었다. 그래도 9세기까지는 이 수

■ **퐁 뒤 가르의 수도교**
로마의 토목기술의
정수를 보여준다.

로에 물이 흐르고 있었다.

어떤 방법으로 낙차를 측정했는가?

현대의 학자들이 정밀한 측량으로 님의 수도를 조사한 결과 놀라운 사실들이 밝혀졌다. 수원지는 님에서 직선거리 약 21킬로미터 북쪽에 있는 우르의 샘으로 석회암질의 산을 등지고 지금도 분류(奔流)처럼 물이 넘치고 있다. 이 샘과 님 사이의 낙차는 겨우 17미터밖에 되지 않는다. 도중에는 꽤 많은 산이 있기 때문에 진로를 똑바로 세우기도 어렵다. 현대와 같은 측량기술이 없었던 로마인이 어떻게 해서 이 공사를 해낼 수 있다는 확신을 갖게 되었을까? 고대의 도수로(導水路)는 모두 자연의 낙차를 이용하여 물을 끌어들였다. 도중에는 산이 있고 계류가 흘러 로마인들은 직선거리 21킬로미터의 거리를 크게 우회하여 약 50킬로미터로 도수로를 건설했다.

산이 가로막힌 데서는 터널을 뚫었으나 최대의 문제는 가르강의 넓고 긴 계곡을 건너다니게 하기 위해서 수도교 퐁 뒤 가르를 설치하는 작업이었다.

석교의 높이를 되도록 낮추기 위해서

50킬로미터에서 낙차 17미터라면 평균적으로 1킬로미터에 34센티미터라는 작은 낙차이다. 더 놀라운 것은 수원지에서 퐁 뒤 가르까지의 약 16킬로미터 구간에는 1킬로미터 당 평균 67센티미터라는 비교적 큰 낙차를 유지하고 있는 데 반해, 그로부터 하류는 1킬로미터 당 평균 18센티미터, 장소에 따라서는 7센티미터 정도의 낙차로 유지되고 있음이 판명되었다.

그 이유에 대하여 프랑스의 한 학자는 퐁 뒤 가르의 위치를 되도록 낮게 하여 석교의 높이와 길이를 되도록 감소시키는 데 비상한 노력을 한 결과로 본다. 그럼에도 퐁 뒤 가르의 길이는 275미터, 강바닥 바위에서의 높이는 52미터현재 13층짜리 빌딩 높이에 상당라는 거대한 도수로가 될 수밖에 없었다. 1킬로미터 당 7센티미터라는 낙차는 인공적인 수로를 따라 물이 유연하게 흐르는데 있어 최저한으로 유지되어야 하는 낙차라고 한다. 그리고 이 도수로에는 상류에서 흘러내린 토사가 쌓였으므로 자주 토사를 걷어내어 흐름을 바로잡아 나가는 것이 필요하였다. 도수로는 전부 돌로 만들었다.

사이펀은 왜 안 썼는가

계곡을 건너갈 때 다리가 아니라 사이펀(siphon)을 쓰면 되었을 것이 아닌가 하고 생각할 사람이 있을지 모른다. 로마인은 이미 사이펀의 원리를 알고 있었다. 고대 리옹의 수도에서는 사실 계곡을 건너는 데 실제로 사이펀을 사용했다. 게르만 민족대이동의 혼란기에 게르만인이 청동이나 납의 부품을 빼앗아 가려고 이 사이펀을 파괴했기 때문에 리옹 시민이 큰 공포에 떨었다는 기록이 남아 있다.

그러나 로마 시대의 기술로는 U자형의 밀폐수로의 밑바닥에 쉴 새 없이 고이는 흙모래를 들어낼 방법이 없었던지 사이펀은 대규모의 도수로에서 거의 쓰이지 않았다.

퐁 뒤 가르의 위를 걸어서 건너다

가르강의 계곡은 양쪽 사면이 녹음으로 뒤덮여 있고 그 사이로 황갈색의 돌로 쌓아올린 퐁 뒤 가르가 높이 뻗어나가고 있어 색채의 대조가 미묘하다. 특히 햇빛이 와 닿으면 석교는 밝은 오렌지색으로 빛나면서 그렇게 아름다울 수가 없다.

아치의 열을 3단으로 쌓아올린 형태가 되는데, 최상단에 도수로가 있다. 아래에서 올려보기만 해도 탄성이 절로 나올 정도이지만 최상단의 도수로 위를 걸어서 건너가면 그 규모의 웅장함에 또 다른 감회를 맛보게 된다. 다리가 약하거나 고소공포증이 있는 사람은 최상단의 도수로를 따라 걷는 것은 무리

■ **퐁 뒤 가르의 최
   상단**
터널과 같은 것이
도수로.

이므로 최하단을 따
라 걷는 것이 좋다.
최하단과 접해서 현
대의 도로를 잇는 다
리가 놓여 있다.

　도수로에는 석개
가 있고 그 위를 걷
는 셈이다. 그런데
간혹 석개가 없는 곳
이 나타나므로 도수로의 측벽폭 약 50센터미터 위를 걷
지 않으면 안 된다. 물론 난간은 없다. 아래를 내려다
보면 강의 수면까지 약 49미터, 12층 높이의 빌딩 위
에서 내려다보는 것과 같다. 어느 누구라도 발걸음이
잘 안 떨어지지만 용기를 갖고 걷고 나면 각별한 맛이
있다.

　"퐁 뒤 가르의 진가는 위를 걸어 보지 않으면 모른
다."는 것이 대다수 걸어 본 경험이 있는 사람들의 의
견이다.

　고소공포증에 발이 도저히 안 떨어지거나 돌풍이
불어 위험해지면 도수로 속으로 내려가면 된다. 다행
히 여기저기 석개가 없어진 데가 많아 내려서기에 어
렵지 않고 도수로 속은 밝다. 그 안은 서서 편히 걸을
수 있을 만한 높이다.

원형의 수조(水槽)로 된 분수(分水) 시설

　도수로의 종점은 님 시내에 고스란히 남아 있다. 그

곳은 로마 시대에는 성채가 있던 곳으로 아직까지도 그 지역 사람들은 그곳을 카스텔룸(Castellum)이라고 부른다. 물은 석조의 커다란 원형 분수조에 들어가 거기서 열 가락의 수도 본관에 나뉘어 흘러나갔다. 오늘날의 수도처럼 정수시설은 없었다. 그래서 수원지는 산간의 샘물을 골랐으며 도수로에 쭉 돌로 덮개석개를 씌워 먼지가 들어가지 못하도록 했다. 그래도 이 분수조에는 토사가 침전했다. 때때로 그것을 씻어낸 것 같다. 바닥에 세 개의 큰 배수 구멍이 열려 있고 그 밑에는 돌로 쌓은 하수도로 되어 있다. 이 배수 구멍에 뚜껑을 덮었던 흔적이 남아 있다.

폼페이 유적에 남아 있는 단말급수 설비

고대 님의 수도시설에는 분수조로부터 이어져 나간 급수시설은 하나도 남아 있는 것이 없다. 로마 시대의 상수가 최종 소비자들에게 어떤 형태로 공급되었는가를 지금도 생생한 모습으로 전해 주는 것은 폼페이 유적과 헤르크라네움 유적 뿐이 아닌가 한다.

폼페이에는 베티의 집 바깥쪽에 수도의 납관이 여러 개 노출되어 있어 이를 본 방문객들은 탄성을 지른다. 이 집의 안뜰에는 옛 조상이 쓰던 납관

■ 폼페이의 '아본탄차 샘'
풍요의 여신 입에서 납관이 보인다.

에 현대의 수도관이 이어져 수반에 찰랑찰랑 물을 공급하고 있다.

부엌을 봐도 상수도를 끌어다 쓴 것을 알 수 있다. 이처럼 돈 많은 사람은 자택에 수로를 끌어다 썼지만 서민들은 거리에 있는 공동급수시설을 이용했다. 폼페이의 관광 코스 중에 들어 있는 '풍요의 샘' 아본탄차이 좋은 예이다. 풍요의 여신의 머리가 남아 있어 풍요의 샘이라는 이름을 붙였는데, 여신의 입에는 상수를 품어 내는 납관이 분명히 남아 있다. 수조의 돌 가장자리가 둥글게 닳아버린 것을 보면 얼마나 많은 사람이 여기로 물을 길러 오거나 여기 와서 물을 마셨는지 알 수 있다. 돌이 저렇게 많을 정도라면 사람들이 엄청나게 사용하였을 것이다.

지금도 깨끗한 물이 흐르는 세고비아의 수도

로마 시대의 수도 시설을 지금도 사용하고 있는 곳이 몇 군데 있다. 관광객들이 자주 가는 곳은 스페인의 '세고비아의 수도'와 로마의 '처녀의 수도'이다.

세고비아를 방문하는 관광객은 거리 한복판을 높이 가로지르는 로마 시대의 수도교를 보고 "아!" 하고 탄성을 지르면서도 설마 지금도 물이 흐르는 것은 아니겠지, 라고 생각하기 쉽다. 그런데 관광안내자가 "지금도 물이 흐르고 있죠."라고 설명하면 도저히 믿을 수 없다는 듯이 관광객들 사이에서는 감탄이 터져 나온다.

이 수도교는 높이가 28미터7층 빌딩 높이로 퐁 뒤 가르의 반쯤 되는 높이지만 시내 한복판인데다 날씬한 구조라서 아주 높아 보인다. 수원지는 약 16킬로미터 동쪽의 산간 계곡에 있다. 1071년에 일부를 로마인에게 파괴당하고 오랫동안 물이 끊겼었지만, 1483년에서 1489년에 걸쳐 이사벨 여왕의 명령으로 보수되었고 지금도 세고비아의 구시가에 상수를 공급하고 있다.

거리를 장식한 샘

근대적인 수도 시설이 없었던 시대에 물의 공급과 정부 선전을 겸했던 유적

가곡 '보리수'의 샘은 시내 한복판에 있다

우리나라에서도 애창되는 슈베르트의 보리수. 이 노래를 부르는 사람은 모두 깊은 산속 샘물가에 외롭게 서 있는 보리수 풍경을 연상한다.

그런데 원가사의 첫 행인 "Am Brunnen vor dem Tore, da steht ein Lindenbaum."을 직역하면 다음과 같다. "성문 앞 샘물가에 보리수 한 그루가 서 있다." 곧 이 샘물은 산이나 들가에서 솟아나는 자연의 샘물이 아니라 유럽의 거리에서 흔히 볼 수 있는 인공 샘인 것이다. 이 샘에는 조각이 세워지기도 했으며 옛날에는 시민에게 먹을 물을 공급하던 상수도 시설이었다.

우물을 갖지 못한 서민과 행인에게는 생활용수

유럽에서는 시민에게 마실 물을 공급한다는 실용적인 목적을 겸한 인공 샘을 거리 한복판에 만드는 것이 고대 그리스 시대부터 내려온 전통이었다. 로마 시대에는 그것이 더 큰 규모로 사치스러워지고 폼페이와 같은 지방 도시에까지 이른 것은 아본탄차의 샘의 예에서도 잘 알 수 있으며 중세

도시도 이 전통을 이어받았다.

그러나 중세 도시의 상수도는 로마 시대와는 비교할 수도 없을 만큼 작았다. 가까운 샘터에서 거리 한복판까지 맑은 물을 조금 끌어오는 정도였다. 그래도 자택에 우물이 없던 서민에게는 없어서는 안 될 생활용수였으며 길을 가던 나그네나 말, 나귀에게는 더없이 고마운 음료수였다.

이런 샘의 수반은 흔히 상하 2단으로 되어 있다. 상단은 인간용, 상단에서 흘러넘쳐 하단의 수반에 고이는 물은 가축용이다. 하단에 수반이 따로 없는 경우에는 가축의 주인이 물통으로 짐승이 마실 물을 길어다 주었다.

거리 가운데 있는 샘이 서민의 생활용수였다는 것은 이런 목적에 쓰려고 설치한 이동식 홈통이 남아 있는 것을 보면 잘 알 수 있다. 지금도 여행자들이 즐겨 찾는 곳은 로덴부르크의 마르크트 광장에 있는 '성 게오르크의 샘'이나 뉘른베르크의 하우프트 마르크트 광장에 있는 '아름다운 샘'이 그렇다. 언제나 수반에 떨어지는 물은 금속제의 홈통을 조금 움직이면 발 아래로 쏴 하고 흘러나오게끔 되어 있다. 조심하지 않으면 옷이나 구두가 몽땅 물에 젖는다. 이런 물이 발을 적시는 것을 보고 있으면 바로 이런 샘이 생활용수원으로 쓰였음을 실감할 수 있다.

때로는 도시의 광고 역할도

이 뉘른베르크의 '아름다운 샘'은 14세기 고딕 시대에 만들어진 것으로서 정교한 조각으로 장식되었기 때문에 그런 이름이 붙여졌다. 조각의 주제는 '7인의 선제후'였다. 뉘른베르크는 황제 선거와 특히 인연이 깊은 제국 자유도시로서 대표적인 도시였으므로 이를 과시하기 위하여 중앙 광장의 샘에 그런 주제의 조각을 새긴 것이다.

뉘른베르크에는 또 하나 유명한 '미덕의 샘'이라는 것이 있다. 이것도 세공이 정교한 청동군상으로 장식되었다. 뉘른베르크가 자랑으로 내세운 첫째 산업은 금속세공, 조상, 칼, 갑옷의 제조였다. 곧 여러 나라의 상인,

기사, 승려 등이 몰려와 웅성거리는 중앙 광장의 샘에 사람들이 깜짝 놀랄 만한 훌륭한 청동조각 군을 만들어 놓는다는 것은 뉘른베르크의 특산품 선전탑을 세워 놓은 것이나 다름없었다.

도시의 역사나 지위를 과시하는 샘

샘의 조각에는 그 도시의 중요한 역사적 사건을 기념하는 것도 있다. 취리히 구시가의 리마트 강에 인접한 린덴호프의 언덕에는 희귀한 조각이 붙은 샘이 있다. 스커트를 입은 부인이 냄비 같은 것을 뒤집어쓰거나 깃발이 달린 창을 세운 채 있는 모습이다.

13세기 말 취리히가 합스부르크가와 싸웠을 때 취리히군은 윈타트르를 공격했지만 패했다. 취리히로 채 돌아오기도 전에 어느새 적군은 도시를 덮치게 되었다. 이 일을 큰일이라고 여긴 여자들이 군장을 하고 이 언덕의 성채에 늘어섰다. 합스부르크 군은 이 위장전술에 그만 속아 공격을 포기하고 발길을 돌렸다. 샘터의 조각은 이 사건을 기념한 것이다.

그 밖에 중세 도시의 샘터에는 무장한 민병대가 깃발을 세워 들고 있는 조각상이 흔히 눈에 띄는데, 이것은 그 도시가 무장권을 인정받게 된 자유도시임을 상징한다.

고심 끝에 낳은 걸작 '바르카치아의 샘'

바로크 시대에 들어오면서 그런 샘은 점차 규모가 커지고 화사하게 바뀐다. 제1호가 된 기념비적인 샘이 로마의 스페인 광장에 있는 바르카치아의 샘이다. 바르카치아란 난파선이라는 뜻이다.

17세기 초 법왕 우르바노 8세가 이 지역에 신학교를 설립한 것이 계기가 되어 오늘날로 말하면 시가지 재개발사업을 벌였다. 그리고 로마 시대부터 계속 이 일대에 상수를 공급하고 있던 '처녀의 수도'를 이용하여 눈에 확 띄는 화려한 샘을 만들도록 피에트로 베르니니에게 명령했다. 피에트로는 바로크 양식의 창시자 가운데 한 사람이며 후일 이 양식으로 크게 성공한 잔 로렌츠 베르니니의 아버지이다.

곤란하게도 처녀의 수도와 샘 사이의 낙차는 거의 없었다. 낙차를 이용하여 물을 분출시키는 화려한 구상은 불가능하게 되었다. 피에트로가 구상에 골몰할 무렵 테베르강에 대홍수가 일어나서 배가 어느새 시내까지 표류해 들어왔다. '이것이다' 라는 직감에서 피에트로는 그때 '난파선' 의 구상을 얻었다고 전해지고 있다.

우선 그는 지면을 깊이 파내려가서 '처녀의 수도' 와 조금이라도 많은 낙차를 주었다. 그리고 물이 가득 잠긴 난파선이라는 기발한 아이디어를 얻었다. 평평하고 낮은 수반으로 낙차가 작은 탓에 분수의 물줄기가 그렇게 시원스럽지는 않았지만 그 나름대로의 정감을 가지고 있었다.

■ **바르카치아 샘**
로마의 스페인 광장에 있다.

권력자의 장식용인가, 서민의 생활용인가?

같은 처녀의 수도를 이용한 바로크 시대의 샘으로 유명한 것이 '트레비의 샘' 과 '4대하의 샘' 이다. 트레비의 샘은 아득한 옛날부터 있었던 샘으로 그 동안 몇 번 개조되고, 현재의 모습이 된 것은 1762년 법왕 클레멘트 12세의 명을 받아 사르비가 설계한 것이다. 물이 떨어지는 위세를 돋보이게 하려고 그도 역시 지면을 꽤 파 내렸다. 밑쪽 수반이 도로보다 훨씬 아래쪽에 있는 것은 그 때문이다.

'처녀의 수도'의 유래를 밝히는 조각이 배경 건물의 위쪽에 있다. 샘의 조각군의 중심은 해마가 끄는 조개껍질 전차를 타고 나오는 해신이다. 두 명의 트리톤이 해마의 자갈을 잡고 조개껍질로 된 나팔을 부는 광경이다. 좌우에 배치된 바위에서 물이 솟아난다. 어느 것을 봐도 화사하면서 격렬히 생동하는 효과를 주며 바로크 양식의 멋진 성과를 보여준다.

이렇듯 장식 효과는 만점이었지만 예부터 이 샘물을 생활용수로 이용하는 이 근처 주민들에게는 대단히 평이 나빴다. 내려오는 물을 제대로 받아 담을 수가 없었기 때문이다. 아래쪽 수반에는 먼지가 많이 들어갔고 거기다 말과 나귀 떼들이 몰려와 수반에 바로 입을 디밀고 물을 마셨는가 하면 샘 주위에는 말똥까지 굴러다녔다.

물 긷는 아가씨가 말에게 엉덩이를 받히기도

여기서 다시 한번 '바르카치아의 샘'과 비교해 보면, 이곳 샘은 주민들이 물을 길을 때 나무 물통이나 가죽부대 같은 좁은 주둥이로도 상수를 흘리지 않고 물을 채워 넣을 수 있게 설계되어 있다. 이에 반해서 '트레비의 샘'은 서민용 생활용수 시설로는 형편없었다. 19세기 후반이 지나 근대적인 수도가 보급되기까지 주민들은 불결한 샘물을 길어 먹을 수밖에 없었다. 법왕 클레멘트 12세가 이 샘을 다시 개축하게 된 것은 바로 이 위에다가 법왕 궁전을 신축했기 때문이다. 이 궁전은 퀴리날레 언덕 위에 있었기 때문에 퀴리날레 궁전으로 불렸고 뒤에 이탈리아 왕의 궁전이 되었으며 지금은 대통령 궁전이 되었다.

당시의 법왕은 지금과는 달리 법왕령의 군주였으며 기마대나 수행원들을 거느렸다. 또 말이나 마차를 타고 내방하는 귀빈들이 줄을 이었다. 지체 높은 사람들이 궁전에 들어가 있는 동안 그 밑의 수행원 일행들은 말에게 물을 먹이려고 트레비 샘으로 우르르 몰려든 것이다. 이곳 서민들이 이때 물을 좀 길어 가려다가 말에게 엉덩이를 걷어차이기도 했던 것이다. 계속되는 가뭄으로 다른 우물들이 다 말라도 이 로마 시대의 '처녀의 수도'에 맞닿아 있는 이 샘은 마르는 법이 없어 누구에게나 귀중한 샘이었다.

바로크 양식의 진수 '4대하의 샘'

4대하의 샘은 법왕 이노센트 10세의 명에 따라 바로크의 거장 베르니니가 만들었다. 완성을 본 것은 1651년으로 베르니니의 대표작들 가운데 하나이며 그 샘은 나보나 광장에 있다.

그 광장은 로마 시대에 황제 드미티아누스가 만든 경기장 자리인데 지금도 경기장과 같은 모양을 하고

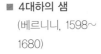
■ 4대하의 샘
(베르니니, 1598~
1680)

있으며 북쪽에는 고대의 경기장 입구의 문이 남아 있다. 여기는 앞에 말한 두 개의 샘보다 훨씬 낮은 곳에 있으므로 처녀의 샘과 같이 낙차 문제는 없었던 것 같다. 샘의 조각군 중심에는 외지에서 운반해 온 로마 시대의 오벨리스크가 서 있다. 그 주위에 다뉴브강, 갠지스강, 나일강, 라플라타강을 상징하는 네 개의 거대한 석상이 있으며 유럽, 아시아, 아프리카, 아메리카의 4대륙을 나타내고 있다.

나보나 광장은 관광 코스로도 멋이 있지만, 관광버스를 타고 들어갈 수 없기 때문에 보통 관광단은 별로 가질 못한다.

그러나 로마 구시가의 중심에서 가까워 자유시간에 산책을 나가기에는 안성맞춤이다. 그리고 트레비의 샘과는 또 다른 정취의 호쾌한 이 '4대하의 샘'을 꼭 감상하도록 권하고 싶다. 그리고 판테온이나 산탄젤로성도 찾아가 보는 것이 좋다. 사진 찍기에 특히 좋다.

역사가 있는 거리에 윤기를 더하는 샘

이상 몇 가지 실례를 통해 유럽의 도시를 장식한 샘의 내력과 기능을 살펴보았다. 이처럼 광장의 주역처럼 버티고 있는 커다란 샘 이외에도 건물 벽에 슬며시 기대놓은 것 같은 작은 샘도 있다. 장식도 저마다 달라서 샘이 풍기는 품격의 변화 또한 풍부하다. 이젠 사람들에게 샘의 실용적인 기능이 없어진 지금 작은 새들만이 여전히 물을 마시러 샘터에 모이는데, 그 풍경은 보는 사람을 흐뭇하게 한다.

수반 위나 조각 주위에 색이 아름다운 꽃을 장식한 샘도 있다. 광장의 아침 시장에서 산과일을 샘물에 씻어 그 자리에서 와삭와삭 먹고 있는 시민을 보면 샘은 여전히 살아 있다는 느낌이 든다. 역시 샘물은 오랜 역사와 전통을 가진 유럽의 거리에서 빼놓을 수 없는 경관이다.

경영자 울리는 바캉스 이야기
일년 중 10개월은 바캉스 이야기로 지내고 2개월은 바캉스로 보낸다

프랑스인의 바캉스는 연간 5주일

유럽의 선진국에서 대다수가 장기휴가를 얻게 된 것은 그리 오래 되지 않았다. 프랑스에서는 1936년 블렘 노동당 내각 때 2주간의 유급휴가를 주도록 고용주에게 의무화시킨 것이 제도화의 첫걸음이다.

이 정도의 유급휴가제도라면 우리나라에도 있다. 그러나 일을 더 효율적으로 하는 것이 낫다는 동양인의 사고 탓인지 한몫에 몽땅 유급휴가를 타다 써버리는 습관은 아직 일반화되지 않고 있다. 이와는 다르게 유럽에서는 개인의 권리라는 생각이 강한 탓인지 유급휴가는 되도록이면 한몫에 모아서 쓰는 것이 당연하다는 생각이다.

프랑스에서는 법적 유급휴가 기간이 점차 늘어나 지금은 5주간이다. 그러나 한번에 모아서 계속 쉴 수 있는 것은 4주간으로 정해져 있다. 고용자의 형편에 따라 종업원에게 유급휴가를 주지 않을 때는 휴가 기간에 보통의 2배 급료를 지불해야 한다. 다른 선진국도 거의 마찬가지다.

경영자들의 큰 골칫거리

바캉스 때문에 경영자가 골머리를 앓는 것은 첫째 모두 다 바캉스를 떠

유럽에 빠지는 즐거운 유혹②

나는 여름 동안 필요한 인력을 확보하는 문제이다. 이 고민은 업종과 사업장에 따라서 큰 차이가 있는데 보안요원만 놔두고 전원이 일제히 휴가를 가도 되는 사업장은 좋지만 그렇게 할 수 없는 사업장도 많다. 그 대책의 하나로 시차제 출근이 아닌 계절차 바캉스를 권장하고 있다.

여름을 피해서 바캉스를 가는 사람에게 여러 가지 우대를 해 주는 것이다. 그래도 휴가가 여름으로 집중되는 경향은 별로 바뀌지 않는다. 바캉스는 여름에 가는 것이라는 통념이 있고 또 학교 다니는 아이들이 있는 가정은 여름방학이 아니면 가족동반으로 긴 바캉스를 이용할 수 없다는 사정도 있다.

경영자들이 고민하는 두 번째 문제는 바캉스 시즌에 들어가기 열흘 전부터는 일이 손에 안 잡히고 시즌이 끝나 모두 돌아온 다음에도 15일 정도는 일의 능률이 아주 떨어진다는 것이다. 프랑스에서 바캉스 시즌에는 국내총생산이 약 40퍼센트 저하된다는 계산이 나와 있다. 그래도 경영자를 포함해서 바캉스가 사람이 살아가는 데 필요하다는 점만은 의심하지 않는다.

즐거운 바캉스에의 기대가 활력의 근원

유럽인은 바캉스가 끝나고 집으로 돌아오는 긴 길목에서 내년의 바캉스는 어디로 갈 것인가 하는 즐거운 이야기를 하기 시작한다. 그리고 일년 동안 비록 싫거나 괴로운 일이 있어도 다음 바캉스에 대한 즐거운 기대로 마음을 달래고 활력을 얻는다는 것이다.

초여름이 되면 기다리고 기다리던 바캉스 시즌을 앞두고 어디를 가도 "당신은 금년 바캉스를 어디로 갔죠?" 하고 물을 정도로 온통 바캉스 화제로 들끓게 된다. 비즈니스 얘기를 꺼내기 전에 몇 마디 주고받는 얘기 속에 바캉스에 관한 것이 단연 화제의 초점이 된다. 아무하고나 부담 없이 주고받을 수 있는 즐거운 이야기이기 때문이다.

■ 휴양지

부러울 정도로 싼 바캉스 요금

유럽인 바캉스의 구체적인 내용은 천차만별이지만 매년 빼놓을 수 없는 행사이다 보니 전체적으로 경비는 되도록 낮춰야 한다는 것이 많은 사람들의 뜻이다. 여행사 앞에는 어디를 가면 몇 주에 얼마라는 광고가 즐비하게 나붙는다. 한국이나 일본에 비교하면 엄청나게 싸다는 데 우선 놀란다. 바캉스는 으레 고향 마을에 돌아가는 것으로 정한 사람도 있다. 체재비는 덜 들 것이고 부모님들은 즐거워할 터이고 어린애들에게는 풍부한 자연이 더없이 좋은 놀이터가 되기 때문이다.

고향이 아니라도 처음에는 별 생각 없이 바캉스를 지낸 마을이 썩 마음에 들어 마을 사람들과도 가까워지면서 해마다 같은 곳에서 지낸 사람도 많다. 또한, 대물림으로 찾아가는 마을도 있다.

유럽에 빠지는 즐거운 유혹②

알프스 지방을 비롯하여 바캉스 후보지에는 아주 많은 농가나 일반가정이 바캉스 손님에게 방을 빌려주고 있다. 식사는 아침 한 끼 뿐이므로 집주인의 부담은 별로 없다. 대개 점심과 저녁은 근처 레스토랑에 가서 먹거나 주인집 부엌을 빌려 스스로 해 먹는 수도 있다. 물론 전체적으로 보면 호텔이나 바캉스 촌을 찾는 사람이 압도적으로 많다.

바캉스가 유행하기 시작할 무렵은 스페인, 포르투갈, 이탈리아, 그리스가 주된 행선지였다. 이윽고 튀니지, 모로코, 유고슬라비아, 불가리아, 터키로 발길이 넓어졌다.

튀니지나 모로코에는 기존의 관광시설이나 도시를 멀리 벗어난 해안의 원시림이나 야자수림에 대규모의 바캉스 촌이 여럿 건설되었다. 땅은 공짜나 다름없고 인건비도 싸다. 태양은 더할 나위 없이 이상적인 입지 조건이다. 나라 전체로는 외화획득, 현지에서는 고용의 창출, 지방 생산물의 판로 확대라는 경제적인 이점도 있지만, 한편으로는 자연환경 파괴, 주민들의 전통적인 생활양식이 무너져 버린다는 나쁜 점도 있다.

이런 바캉스 촌에 머무는 것은 원칙적으로 일주일 단위로 유럽과의 사이에 아주 싼 비행기 편이 운행되고 있다. 이 비행기 편을 이용하여 케냐라든가 인도, 태국까지 바캉스를 즐기러 가는 사람도 있다.

온천 휴양지와 카지노

유럽의 많은 온천 휴양지는 여러 형태로 이용되고 있다

영국에 남아 있는 로마 시대의 온천

유럽의 한복판에는 아주 오래된 화산대가 비스듬히 가로놓여 있다. 활동은 옛날에 그치고 침식이 많이 된 사화산이 몇 개 남아 있는 것 외에는 여기저기서 솟아나는 온천에 그 옛 흔적을 남기고 있다.

화산대의 서북단은 영국에 접해 있고 그 곳에 몇 개의 온천이 있다. 그 중 유명한 것은 로마 시대부터 알려진 온천장 바스로 런던의 서쪽 약 200 킬로미터 지점에 있다. 거리 이름이 '바스'라고 불리는 것이 재미있다. 로마 시대의 목욕탕이 잘 보존되어 남아 있는데 중앙이 되는 방의 넓이가 33×21미터, 욕조의 넓이는 25×12미터, 현대의 풀장만한 크기로 지금은 사용을 안 하고 있지만 온천수를 잘 받아 놓고 있다.

그 밖에도 큰 원형욕조 여러 개와 소욕조도 있으며 담화실, 도서실, 음악실 등의 유적이 있어 로마 시대에는 이곳이 종합오락센터였음을 알 수 있다. 바스의 거리에는 지금도 온천휴양소로 이용되고 있는 훌륭한 호텔이 여러 개 있다.

유럽에 빠지는 즐거운 유혹②

벨기에의 스파는 온천지의 대명사

대륙으로 건너가면 우선 벨기에의 스파가 온천 휴양지의 대표격이다. 완만한 언덕에 둘러싸인 작은 마을인데 예부터 스파라고 하면 보통명사로 온천장, 온천휴양지라는 의미로 쓰였다.

프랑스에는 몇 개의 온천이 있는데 오베르뉴 지방의 비시가 유명하다. 이 지방에는 평지에서 불쑥 솟아오른 예리한 바위봉우리가 여기저기 있고 그것을 퓌이라고 부른다. 켈트 시대부터 성지로 이름 높은 르퓌이 시에는 이런 기암이 네 개나 솟아 있다. 늙은 화산의 침식이 심해 현재는 중심에 박혀 있던 단단한 용암만이 남아 있으며 그것이 오랜 옛날의 화산 활동을 얘기해 주고 있다.

지명에 바드(Bad)를 붙이면 온천 휴양지

독일의 라인지방에서부터 오스트리아, 체코슬로바키아, 헝가리에 걸쳐서 온천은 무척 많다. 독일어로 지명에 바드나 바덴(Baden)이 붙는 것은 모두 온천

■ 바스에 남아 있는 로마시대의 욕탕
사각형 주춧돌까지 로마시대의 것이다.

휴양지이다.

비스바덴, 바덴바덴 등은 일찍이 로마 시대부터 애용된 온천으로 로마 시대의 욕탕 유적이 아직 남아 있다. 바덴바덴은 바덴 지방의 온천 휴양지라는 의미이다. 유럽에서 으뜸가는 고급 온천 휴양지로 알려져 있다.

건강 보험으로 통하는 온천 휴양지

독일에는 약 300개의 온천 휴양지가 있는데 온천이라는 등록을 하기 위해서는 정부가 정한 온천심사위원회의 심사를 받아야 한다. 심사위원은 연방과 주의 정부위원, 온천 전문의사, 기후 자문가, 온천의 함유물을 분석하는 분석가, 호텔, 그 밖의 시설을 조사하는 전문가 등으로 구성되고 엄중한 실지 조사를 받아야 한다.

그리고 의사로부터 온천 치료를 필요로 한다고 인정된 자가 위와 같은 심사를 통과한 온천 휴양지에서 온천 전문의의 지시 하에 온천 치료를 받는 경우에는 건강보험이 적용된다. 온천에서의 치료비는 물론 호텔비, 식사비, 왕복여비까지 건강보험으로 처리되기 때문에 혜택은 크다. 기간은 최장기 6주간까지 인정된다.

외과수술 후의 체력회복, 운동기능 회복에서부터 류머티즘, 위장병, 노이로제 등의 치료에 이르기까지 의사로부터 온천 치료를 필요로 한다는 진단을 얻으면 장기간 동안 온

■ 캐롤라인 서덜랜드
독일에서 유명한
온천이다.

유럽에 빠지는 즐거운 유혹②

천 치료도 하고 휴가도 되기 때문에 이용자가 많다.

■ 비스바덴의 웅장한
쿠어하우스

전체 경관을 살린 매력의 온천 휴양지

한국이나 일본의 온천지를 가보면 숙박업소들이 다
투어 자기 건물의 내부나 정원을 아름답게 가꾸는 데
신경을 쓰지만 온천지 전체의 미관에는 별로 신경을
쓰지 않는다.

유럽의 온천 휴양지에서는 전체적인 미의 조화를
고려하는 것은 물론 아름다운 공원 안에 호화로운 온
천요양소(Kurhaus))나 넓은 산책로를 만들고 그 주
변에는 각종 스포츠 시설 등을 두어 공공시설로 매력
적인 휴양지가 되도록 한다. 호텔에 묵으면 온천 치료
를 받을 수 있게 했고 호텔을 나서면서부터는 그 휴양
지가 본래 지닌 자연의 즐거움을 만끽할 수 있게 배려
했다. 우리의 온천장에도 최근에는 쿠어하우스를 시
설하는 예가 늘어나고 있지만 건물이나 시설의 호화
스러움과 그를 에워싼 휴양 공원의 멋은 아직 유럽을

따라가지 못한다.

카지노는 신사숙녀의 놀이터로 발족

카지노의 발상지는 르네상스 시대의 이탈리아이다. 그 무렵 유력한 도시 귀족은 모두 교외의 경치 좋은 자리에 별장을 가지고 있었는데, 그것을 카지노라고 불렀다. 이탈리아어의 집(Casa)에 축소어미가 붙은 것으로 '작은 집'이라는 뜻이다.

그러나 커다란 별장도 카지노라고 불렸다. 그들은 그런 카지노에 손님을 초대했다. 시내에 있는 자기 집에서 하기에 눈치가 보이는 도박, 무도회, 쇼 같은 것을 한판 벌이며 즐겼다. 그러다가 귀족 별장과는 무관한 전문 카지노가 생겨났다.

우리는 도박장이라고 하면 슬롯머신을 연상하고 신사숙녀가 드나들 곳이 못 된다는 느낌이 없지 않지만 유럽의 카지노는 이런 발상지 유래에서도 알 수 있듯이 오히려 신사숙녀를 위한 우아한 사교장으로 받아들인다.

■ 카지노

유럽에 빠지는 즐거운 유혹②

도박의 병폐 방지를 위한 정부의 대비책

도박에는 반드시 폐해가 따르게 마련이라서 각국 정부는 여러 가지 방안을 강구해 왔다. 현재 이탈리아나 모나코 등에서 실시하고 있는 것처럼 카지노에는 외국인만 입장을 허가하고 자국민 출입을 금지하는 것도 한 방편이다.

도박의 폐해가 제일 심한 것은 서민층 출입의 경우이다. 카지노를 아주 호화롭게 꾸며서 출입에 많은 돈이 드는 곳으로 만드는 것도 서민 출입방지의 한 방법이 된다. 이것은 부자들을 위한 사교장이라는 카지노 본래의 취지에도 들어맞는 것이다.

42개나 되는 군주의 명칭

중세부터 형성되었던 지역 공동체의식이 동군 연합(同君聯合) 배경

왜 영국의 국명은 연합왕국인가

동양인이 이해하기 어려운 유럽의 역사적 제도의 하나에 동군(同君) 연합이라는 것이 있다. 이를테면 영국은 사실상 하나의 나라인데 잉글랜드 왕국, 스코틀랜드 왕국, 웨일스 왕국, 북아일랜드 왕국이라는 4개국의 연합체로 되어 있으며 엘리자베스 여왕이 그 왕국들의 군주를 겸하고 있다. 엘리자베스 여왕은 런던에서 잉글랜드 여왕으로서 대관식을 올린 다음, 에딘버러에서 스코틀랜드 여왕으로서 대관식을 거행한다.

그리고 웨일스 공의 지위에는 황태자가 봉해진다^{국왕으로부터 웨일스를 위임} ^{받는다}는 것이 예부터의 관례로 찰스 황태자는 카나본 성에 가서 웨일스 공으로서 대관식을 가졌다. 유나이티드 킹덤^{연합왕국}이라는 것이 영국의 국명이 된 까닭이다.

연합왕국이 되기까지

웨일스는 원래 잉글랜드와는 다른 별개의 독립국이었지만 잉글랜드에 정복되었다. 그래서 사실상 잉글랜드에 병합되었는데 형식적으로는 웨일

스 공국으로 존속하여 오늘에 이르고 있다. 어디까지 갈지 그건 별 문제 아니지만 웨일스인 사이에서는 웨일스 독립론이 뿌리 깊게 남아 있다.

스코틀랜드 왕국과 잉글랜드 왕국도 옛날에는 전혀 별개의 독립국으로 사이가 나빴다. 그래서 전쟁을 자주 벌였다. 그러던 것이 1903년 엘리자베스 1세가 후사 없이 죽자 제일 가까운 혈연이라고 해서 스코틀랜드 왕 제임스가 영입되어 잉글랜드 왕을 겸하게 되었다. 그때부터 한 사람의 왕이 영국의 군주를 겸임하는 것이 오늘날까지 이어지고 있다.

최다 기록은 합스부르크가

유럽의 역사에는 동군 연합의 예가 많은데 한 사람의 군주로서 여러 나라의 군주를 겸했다는 점에서 합스부르크가 단연 제일이다.

합스부르크가는 맨 처음 스위스 동북부의 하비히츠브르크합스부르크가 원래의 이름 성에 근거를 둔 호족이었는데 13세기에 바벤베르크가가 단절된 후 오스트리아 방백국(方伯國)의 군주로 되었다. 이 방백국은 차츰 격상되어 대공국(大公國)이 되었다. 그 영역은 현재의 오스트리아 공화국의 수도인 빈을 포함하는 상하 오스트리아 주에 해당하였다. 이것이 '협의의 오스트리아'였다.

합스부르크가는 그 뒤에 군사력에 의한 정복과 결혼을 통한 상속에 의해서 차차 여러 나라 군주를 겸하게 되었다. 유명한 마리아 테레지아의 시대에는 그 군주의 정식명칭을 이렇게 길게 지었다.

"오스트리아 여대공 겸, 슈타이어마르크 여공 겸, 케른텐 여공 겸, 티롤 여백(女伯) 겸, 보헤미아 여왕 겸, 헝가리 여왕 겸……" 이 뒤로도 줄줄이 이어져 모두 42개나 되었다.

마리아 테레지아는 여제(女帝)가 아니었다

마리아 테레지아는 흔히 여제라고 부르지만 그것은 정식명칭이 아니다.

■ **마리아 테레지아**
명군으로 존경을
받은 마리아 테레
지아는 실제로 여
황제였다.

그녀의 남편인 프란츠는 로트링겐가에 데릴사위로 들어온 사람이었다. 이 프란츠가 신성로마제국의 황제로 선출된 것이다.

신성로마제국은 이미 완전히 유명무실한 존재였다. 칠선(七選) 제후에 의한 황제 선출과 황제의 대관식이 프랑크푸르트에서 성대히 행해진 것에 대해 괴테는 아버지에게 들은 것을 〈시와 진실〉에서 생생히 묘사하고 있다.

이 경우 마리아 테레지아는 황제의 배우자, 곧 황후에 지나지 않았다. 그에 반해서 앞서 말한 오스트리아 여대공들의 경우는 여자가 바로 군주였다. 프란츠는 정치나 군사문제에 전혀 참견하지 않았으므로 내정, 외정, 전쟁 등에 걸쳐 마리아 테레지아가 혼자서 수완을 발휘했다. 그런 실제적인 의미에서라면 그녀는 확실히 '여제'라는 칭호가 어울린다.

여전히 계승되고 있는 '지역공동체'

유럽에서 동군 연합이라는 제도가 꾸준히 지켜져 내려온 배경에는 "누가 군주가 되건 그것과는 별도로 하나의 지역은 하나의 역사적인 공동체다."라는 강력

유럽에 빠지는 즐거운 유혹②

한 생각이 있었다. 예를 들면 앞에서 든 슈타이어마르크 대공국이 합스부르크가를 군주로 받들게 된 것은 1278년인데, 이 공국은 오스트리아 대공국에 병합됨이 없이 훗날까지 독자의 지역공동체로 남으면서 독자적인 지방의회, 독자적인 법률을 가지고 있었다. 서로 다른 이민족인가 하면 그렇지 않다. 완전한 동족이다.

그리고 제1차 세계대전에 패하여 합스부르크가의 제국이 붕괴된 후에는 원래 슈타이어마르크 공국이 고스란히 그대로 슈타이어마르크 주로 되고 새로 탄생한 오스트리아 연방공화국의 일원으로 되었다.

이와 마찬가지로 원래의 오스트리아 대공국의 영역은 상하 오스트리아 주로, 원래의 케른텐 공국은 케른텐 주로, 원래의 티롤 방백국은 티롤 주로 되었다. 이상 영국과 오스트리아의 예를 보았지만 그 밖의 여러 나라에서도 역사적인 지역공동체 의식이 강하게 남아 있다.

지역공동체마다 중세 이래의 긴 전통을 자랑하는 깃발이 있으며 지금도 그것을 열심히 쓰고 있는 것은 그런 의식의 일면을 보여 준다.

■ **파두츠 성**
리히텐슈타인 대공이 살고 있다.

대공의 비(妃)는 왕비가 아니라 대공비(大公妃)

앞에서 든 의미의 나라에서는 역사적으로 정해진 랭킹이 있어 그에 따라 군주의 위상도 정해지며 마음대로 바꿀 수가 없었다. 이것은 영토의 크기와는 직접 관계가 없다. 이를테면 티롤은 넓은 영토를 가지고 있었음에도 방백국(方伯國)이었다. 지금도 존재하고 있는 유럽의 군주국에는 대공국으로서 룩셈부르크와 모나코가 있고 소공국으로는 리히텐슈타인이 있다. 그 외에는 왕국이다.

'레니에 대공이 왕비와 왕녀의 사고를 슬퍼하며' 하는 식의 표현은 유럽에서는 틀린 표현이다. 대공(Grand Duke)의 비는 대공비(Grand Duchess)이며 왕비인 퀸(Queen)이 아니다. 유럽에는 지금도 엄격히 구별해서 쓴다.

중세 도시 성벽이 막 내린 이유

많은 여성들에게 낭만적인 꿈을 불러일으켰던 황홀한 중세 성곽

중세 초기의 성은 토성에 말뚝 울타리를 쳤다

흔히 말하는 성이나 도시를 지키기 위한 성벽을 포함해서 성곽이라고 한다. 유럽에서는 이미 로마 시대 이전부터 석조의 훌륭한 성이 있었지만 중세로 내려오면서 일단 토성에 말뚝을 둘러치는 소박한 형태로 퇴화하였다. 성곽을 만드는 흙의 재력이 로마 시대와는 비교할 수 없을 만큼 빈약해진 것이다. 성곽의 입지로서 이상적인 것은 평야에 우뚝 솟은 언덕인데 그런 언덕이 흔하지는 않았다. 그래서 높은 대지의 한쪽 단애가 이용되었다. 그렇게 해서 대지에 이어진 곳만 파 내버리고 나면 성곽다운 지형이 형성되었다.

중세 초기의 성곽은 호를 파고 주위 경사면을 급경사지게 파 놓은 흙으로 토성을 쌓아 그 위에 말뚝을 박았다. 평지에 외곽을 쌓을 필요가 있는 경우에는 원형의 호를 파서 파 놓은 흙을 가지고 화분을 뒤엎어 놓은 모양의 못트^{인공산}를 만들어 그 위에다 목책을 쳤다.

인공산의 실례는 영국에 가장 잘 보전되어 있다. 관광지로 유명한 곳은 윈저 성의 라운드 타워나 요크의 클리포드 타워가 좋은 예이다. 그런데 긴

■ **클리포드 타워**
못트의 원형을
간직하고 있다.

말뚝은 후세에 와서 석조로 된 성벽으로 바뀌었다.

본성, 내성, 외성으로 분화

대지의 제일 높은 곳이나 인공산은 특히 엄중한 방비책을 강구하여 성주, 기사의 거처로 삼았다. 후에 이것은 '돈존(donjon, 內城)' 혹은 '메인 키프'로 발전하였다.

그 주위 외곽은 적의 기습에 대비해서 적어도 두 단계의 성문을 만들었다. 외곽에는 병사, 종들의 거주 공간과 마구간, 영내에서 연공으로 바치는 곡물, 가축을 수납하는 공간으로 만들었다. 외곽의 방비도 초기에는 긁어모아 돋은 토성에다 목책을 쳤지만, 시대가 지남에 따라 석조로 개조되어 옛날의 원형을 그대로 보존한 예는 극히 드물다.

멋진 성벽은 자유도시의 상징

성곽의 개조와 미화가 이뤄지면서 우리들에게 낭만적인 중세의 성곽으로서 이미지를 떠올리게 하는 그런 모습이 나타난 것은 이탈리아에서는 11세기경부터, 알프스의 북쪽 여러 나라에서는 12세기 말부터였다고 한다. 실용본위의 촌스러운 형태에서 벗어나 보기에 훌륭하고 전시효과가 있는 형태를 갖추려면 그에 앞서서 경제력이 필요했는데, 이 무렵에 겨우 그런 전제조건이 성숙되었던 것이다. 특히 이 무렵부터 왕성히 만들게 된 도시 성벽은 전시효과를 중시했다.

오늘날 관광과 크게 관계있는 것이지만 도시 성벽의 여기저기에 솟아있는 탑, 성문과 그것을 지키는 탑 등은 실용적으로 불필요하리만큼 너무 높은 편이었으며 화려한 장식효과를 갖춘 것이었다.

원래 축성을 할 수 있는 권한은 국왕과 영주의 대권에 속한 것으로서 농부나 도시인이 성곽을 제멋대로 쌓을 수는 없었다. 그리고 성벽을 쌓는다는 것은 자유도시의 상징이었다. 물론 전략이 끊이지 않은 중세였으므로 도시 성벽은 없어서는 안 되었다. 이와 동시에 보기에도 훌륭한 성벽을 가지고 있다는 것은 그 도시의 실력을 과시하는 것이기도 하였다.

성혈(城穴) 같은 신기술이

십자군이 서아시아의 축성기술을 체험한 덕택에 13세기부터는 유럽의 축성기술이 크게 진보하였다. 그 하나가 성혈(Machicolation)이었다. 성문 바로 위라든가 탑, 성벽의 가장자리에 석조 돌출물을 만들어 놓은 것이 그것인데, 바로 밑에 들어온 적의 머리 위에 큰 돌을 떨어뜨리거나 큰 활을 쏘는 곳이었다.

한국의 성에도 그런 시설이 있지만, 유럽의 성은 더 철저하여 사방 구석에 그런 공격 구멍을 만들어 놓은 예가 많다. 관광객, 특히 어린이는 그 구멍으로 빠질 위험이 있으므로 지금은 큰 구멍은 대개 돌이나 철제 격자로

박아 놓았다. 원래대로 터
놓은 구멍으로 아래를 내려
다보면 무시무시하다. 지금
은 그저 낭만적으로 생각하
기 쉬운 성도 실제는 처참
한 살육 현장이었음을 실감
할 수 있다. 관광으로 성벽
이나 탑의 옥상을 걸을 때
잘 보면 돌로 막아놓았더라
도 성혈이 있던 자리는 즉
시 알 수 있다.

■ 카르카손
유럽 굴지의 성곽도시.

외곽의 반원탑이나 가동교의 지혜

외곽의 성벽탑은 반원형
으로 되어 있고 안쪽을 터
놓았다. 적에게 외곽탑을
빼앗겼을 때 합이 완전한 원형이라면 역습해서 탈취
하기 힘들고, 방어시설이었던 탑이 오히려 적에게 거
점을 제공하는 꼴이 되었기 때문이다. 그러나 반원형
으로 안쪽이 터져 있으면 그런 염려가 없었다.

목조의 가동교를 위로 올리면 다리가 그대로 문짝
이 되게 하는 연구를 했다. 적의 급습을 받았을 때라
든가 출격한 아군이 성으로 도망쳐 들어올 때 바로 뒤
쫓아 오는 적을 차단하는 데 이런 가동교는 위력을 발
휘했다. 중세의 성곽이 본래의 의의를 상실한 뒤 이런

유럽에 빠지는 즐거운 유혹②

가동교는 전부 부숴버리고 석교로 개조해 버렸다. 그래도 성문 쪽에는 가동교를 올리고 내리고 한 장치의 흔적이 그대로 남아 있는 예가 많은데 역사애호가들에게는 빠뜨릴 수 없는 관광의 초점이 된다.

가동교 그 자체가 남아 있는 곳은 희소가치가 있다. 대개 중앙의 큰 가동교 옆구리의 통용문에는 그에 해당하는 작은 가동교가 붙어 있다.

돌 포탄으로 유명한 중세의 대포

고대로부터 사용된 투석기에 대신하여 유럽에서 대포가 널리 쓰이게 된 것은 14세기 후반이었다.

당시의 포탄은 돌이었다. 포신을 상하게 하지 않으면서 되도록 조준한 방향으로 날아가도록 구형으로 다듬었다. 지금도 고성의 마당에는 이런 구형 돌 포탄이 쌓여 있고 그것은 병사와 군마를 살상하는 데는 효율이 크게 떨어져 주로 공성무기로 썼다. 돌 포탄을 쏘아 성벽이나 성문을 파괴하려는 것이었다. 성을 지키는 쪽에서도 사람에게 쏘는 것이 아니라 적의 공성탑(攻城塔)을 파괴하기 위해 썼다. 사정거리가 처음엔 300미터 남짓하던 것이 뒤에는 1,000미터쯤 되었는데 아무튼 적의 모습이 보이는 거리에서 서로 공격을 주고받았다.

포신은 철이나 황동, 청동을 주조한 것으로 당시로서는 매우 비쌌다. 후세의 대포와는 달라 금방 금이 가서 쓸모없어지곤 했다. 또 화약 역시 고가였으므로 함부로 대포를 쓸 수도 없는 노릇이었다. 이윽고 돌 포탄 대신 구형의 포탄이 쓰이면서 파괴력도 좀 나아지게 되었다.

중세 말기까지 대포에는 포가(砲架)도 포차(砲車)도 없이 그냥 포신만 마차에 운반해서 현장에 당도하면 돌이나 흙으로 포대를 쌓고 그 위에 장치하는 것이었다. 포의 앙각이나 방향을 조금만 트는 일도 힘든 일이었고, "쾅" 하고 한 번 쏠 때마다 포신이 뒤로 크게 꽁무니를 빼는 바람에 또 한 번 조준하려면 많은 시간이 걸렸다.

　　명중률이 나쁜 것은 말할 것도 없고 성곽과 같은 큰 목표를 향해서도 근거리에서 쏘는 것이 고작이었다. 그래도 고대로부터 공성무기로 써 온 투석기에 비하면 대포의 위력은 컸다. 봉건기사가 버티고 있던 소규모의 성은 그런 파괴력을 견디지 못하고 봉건제도의 붕괴를 재촉하는 데 한몫을 했다.

대포의 발달로 중세 성곽은 막을 내리다

　　세기에 들어오면서 유럽에서는 각 방면에서 기술의 발달이 눈부시게 일어났다. 대포에는 앙각 방향을 바꾸는 데 편리한 장륜포가(裝輪砲架)가 발명되고 포차, 조준장치도 나왔으며 대포의 위력이 그만큼 커졌다.

15세기 후반에는 포탄 속에 작약을 넣은 파열탄이 실용화되어 대포의 파괴력은 무서운 것이 되었다.

16세기가 되면서 금속 가공기술은 더욱 진보하여 대량의 화약을 안에서 폭발시켜도 부서지지 않는 견고한 포신을 만들어 냈다. 또 화약의 제조기술 역시 장족의 발전을 이룩하여 그 결과 대포의 사정거리, 명중도, 파괴력은 한층 더 강해지고 있었던 것이다.

그렇게 된 결과, 중세풍의 성곽은 제아무리 대규모의 것이라도 대포의 위력에는 맞설 수 없게 되었다. 중세 스타일의 성곽에는 높은 탑이 있기 마련인데, 이것은 오히려 적에게 포격 목표를 가르쳐주고 거리를 정확히 알려주는 꼴이 되었다. 적의 포격을 받아 높은 탑이 무참히 붕괴하면 성을 지키던 사병의 사기도 영향을 받았다. 근본적으로 중세풍의 얇은 성벽이나 성문은 대포의 파괴력 앞에서 적수가 되지 못하였다.

■ 로마의 투석기

■ 하드리안 성

그래서 16세기경부터 발달한 것이 이른바 근세 요새식 성채였다. 전체 적으로 낮고 통통한 모양으로 육중하며 탑도 없었다. 여기저기 보루가 튀어나와 있고, 성문은 보루 사이에 난 길로 터널 형태를 이루었다. 성벽을 두껍게 하고 보루를 만든 것은 적의 포격에 견디고 또 아군의 포를 장치하기 위해서도 필요했다. 화살이나 총으로 싸우는 것을 전제로 만든 중세의 성벽으로는 그 위에다 포를 설치할 수가 없었던 것이다.

당시의 대포는 화약이나 포탄을 넣고 그걸 긴 작대기로 포신의 깊이까지 쑤셔 넣었다. 그래서 포를 설치하는 데 넓은 공간이 필요했다. 영화 장면처럼 들판에 서라면 모를까 성벽이나 보루에 올라가서 포신에 장전을 하는 일은 꽤 힘들었을 것이다. 그런데 근세의 성채는 둔중한 모습뿐이라서 그림으로 잘 구성되질 않는다. 카메라를 들이대면 전체적으로 너무 애교가 없어서 맥이 빠진다.

흰 나무로 짓는 집

고풍의 거리 분위기를 한결 돋우어 주는 목조건물, 색다른 모습에도 이유가 있다

널리 분포된 목재 골격의 문화

오랜 역사를 가진 유럽의 거리에서 아취(雅趣)에 넘치는 목재 골격의 집들을 보면 "야, 멋지군!" 하고 감탄의 소리를 지르고 싶다.

독일에는 목재 골격 구조의 집이 특히 많다. 특히 메르헨 가도를 따라 가면 오래된 거리의 매력이 아름다운 목재 골격 구조의 집들에서 풍겨옴을 느낄 수 있다.

프랑스에서는 알자스, 노르망디, 브르타뉴의 세 지방이 목조가옥의 명소인데, 그 밖의 지방에도 뜻밖의 장소에서 멋진 목조가옥들을 만날 수 있어 옛스러운 거리를 사랑하는 사람들을 기쁘게 한다.

영국은 목재 골격의 집을 오래 전부터 지었다. 로마 시대 이래의 성벽이 남아 있는 것으로 유명한 옛 도시 체스터나 셰익스피어의 고향 스트라트포드를 찾는 사람이면 누구나 목조건물이 지니는 이상한 매력에 이끌린다. 그 밖의 소도시 촌락에도 목재 골격의 집은 많이 남아 있어 사진 찍고 싶은 충동을 느끼게 한다.

영국의 목재 골격 특색은 목재 골격으로 화사한 문양을 잘 표현하고 있

■ **독일의 모젤 호반의 베른카스텔 쿠에스**
목재 골조 자체가 화려한 문양으로 된
집들도 있다.

다는 점이다. 대부호의 집이라든
가 귀족의 시골 저택에 그런 예
가 많다. 그 밖의 목재 골격의 집
은 알프스 이북의 각지에서 보이
는데 스페인 북부의 오래된 도시
에도 남아 있다.

어원

독일어로는 파하베르크하우스
(Fachwerkhaus), 프랑스어로는
메종 아팡 드 브와(maison a

유럽에 빠지는 즐거운 유혹②

pans de bois)라고 하는데 모두 '나무의 구획(區劃)'으로 된 집이라는 의미이다. 영어로는 하프 팀버드 하우스(half timbered house)라고 한다. 본래는 전부를 돌이나 벽돌로 건축해야 할 것을 '절반은 나무를 쓴 집'이라는 의미에서 그렇게 표현한다. 한국 등 동양의 목조 건축과 유럽의 목재 골격의 집이 갖는 구조원리상의 차이가 이 영어식 표현에 잘 드러나 있다. 그 차이는 나중에 설명할 것이다.

왜 위층일수록 크게 짓는가?

목재 골격의 집은 1층보다 2층, 2층보다 3층이, 그런 식으로 위로 올라갈수록 커지고 옆으로 삐져나온 예가 많다. 목조 건축은 올라갈수록 작아진다는 것이 동양인의 상식이므로 이것은 매우 기이한 느낌이 든다. 거기에 메르헨적인 맛이 곁들여 목재 골격 구조를 한 집에 대한 흥미를 더해준다.

한국의 목조건물은 5층탑과 같은 다층 건축일지라도 기둥과 서까래가 한 몸체로 이루어져 있어 1층에서 최상층까지 하나의 통일된 구조체로 되어 있다. 따라서 상하층을 꿰뚫는 기둥수가 많을수록 그 건축의 강도가 높아진다고 한다. 그에 대하여 유럽의 목재 골격 구조에서는 각층이 서로 독립된 한 개의 상자와 같은 구조로 이루어진다. 그런 상자를 차례차례 쌓아 올리는 모양으로 해서 다층 건물이 된다. 아귀를 맞춰서 차곡차곡 쌓기만 하면 아래 상자보다 위층에 얹인 상자가 조금 큰 편이 오히려 안정감이 있다. 물론 상하의 상자는 서로 '꺽쇠'를 박아 고정시켜 놓았지만 그래도 지진이 자주 있는 곳에서는 위층이 굴러 떨어질 염려가 있었다. 하지만 알프스 이북의 유럽에는 그런 걱정은 아예 할 필요가 없다.

또 지붕의 테는 그 바로 아래 있는 층계와 일체가 되어 하나의 상자를 구성하고 있다. 그 때문에 지붕 밑 다락방은 독립된 층이 아니라 그 아래층과 지붕을 받치는 틀과 함께 묶인 커다란 상자의 일부가 된다. 2층이 붙어서

한 개의 상자가 된 것도 있다. 아래층만이 석조로 된 예는 꽤 많은데 이것은 미관, 안정성, 내구성이라는 이유 이외에 취사나 작업상 1층에서는 불을 써야 할 필요가 있으므로 그렇게 한 것이다.

재목이 휘었어도 상자가 견고하면

목재 골격의 집은 바깥쪽을 전면에 석회칠을 한 경우도 있지만 대개는 목재 골격이 분명히 노출되었다. 그런 집을 잘 관찰해 보면, 한국 건축에서는 당연히 통주(通柱)로 되어 있어야 할 자리에 아무것도 없이 층마다 단절되었다. 쌓아 올린 것을 일목요연하게 알 수 있다. 아래층 상자의 천장으로 되어 있는 목재와 위층의 바닥으로 되어 있는 목재의 배열을 서로 직각이 되도록 하였다. 그래야만 안정성이 높기 때문이었다. 이것도 건물 바깥쪽에서 보면 금방 알 수 있다.

재미있는 것은 허리가 휘어진 목재를 엮어서 집을 짓기도 하며 골격 구조에다 조각과 채색을 하고 목재 골격 자체에 문양을 표현한 것이 독특한 멋을 낸다.

한국 건축은 구조원리상 기둥이 휜다는 것은 말이 안 되는데 서양인들은 휘어진 목재도 그대로 쓴다. 유럽의 목재 골격 구조는 재목이 구부러졌다고 하더라도 그것이 받치는 상자의 강도에 지장이 없다면 하등의 관계가 없다. 이런 집을 짓는 사람은 겉멋을 부린 것도 아니고 득의만만해서 그런 것도 아닐 것이다. 혹시 구부러진 목재가 싸서 그런 것은 아닐까. 셰익스피어의 부인인 앤 해서웨이의 친정집 다락방을 가보면 등이 구부러진 재목을 참으로 교묘하게 활용하고 있어 놀라지 않을 수 없다.

목재 골격 구조의 아름다움을 강조하는 조각과 채색

목재 골격에 조각을 한 예로 관광객들이 잘 들르는 곳으로는 로맨틱 가도의 딩켈스뷜에 있는 도이치스하우스가 유명하다. 이 집은 호텔 레스토랑으로 수백 년의 역사를 가지고 있으며 로맨틱 가도를 관광한 후 점심 장소로도 많이 간다. 조각은 매우 정교하며 또 목재 골조 자체가 화려한 문양으로 되어 있어 이 집이 꽤 멋부린 깔끔한 집이라는 것을 알 수 있다. 조각 채색을 한 목재 골격 구조의 집이 가지런히 늘어서 있는 모습으로 뛰어난 고장은 북부 독일의 고슬러이다. 피리 부는 사나이의 전설로 유명한 하멜른이 그 다음쯤 된다. 이 도시들은 메르헨 가도에서 가까운 도시들이다. 필자가 지금까지 본 것 가운데서 가장 감명이 깊었던 것은 프랑스의 루아르 지방의 앙제에 있는 '아담의 집'이다. 400년의 풍설(風雪)을 견뎌내면서 결이 갈라진 큰 목재 골재에는 손을 마주 잡은 연인들의 조각과 유흥장 모습의 조각이 있다. 그런가 하면 아무도 눈치를 채지 못하는 높은 곳에서 소변을 보는 남자 조각이 길가는 사람들을 내려다보고 있다.

동양의 건축과 비슷하면서도 다른 점

유럽의 목조 건물이 동양의 건축과 다른 또 하나의 큰 차이점은 벽이 맡고 있는 역할이다. 목조 골격의 집은 바깥을 전부 석회로 칠해 버리는 경우도 있지만 보통은 목재의 골재와 골재 사이에만 석회를 칠한다. 그러면 우리의 목조 백벽과 매우 느낌이 비슷해진다.

그러나 비슷한 것은 외양일 뿐 벽이 맡고 있는 역할은 유럽과 일본이 매우 다르다. 어쩌다 석회가 떨어져 나가거나, 아니면 처음부터 석회칠을 하지 않은 목재 골조 구조의 집을 살펴보면 목골과 목골 사이에 벽돌이나 잡석을 깬 것이 꽉 차 있다. 왜 이런 일을 해야 하는지는 로마네스크나 고딕

양식을 설명할 때 이야기한 것처럼 유럽의 건축 원리에서는 벽체가 건물 자체를 지탱하는 데 가장 중요한 힘이 되기 때문이다.

유럽 건축의 벽은 이루 말할 수 없이 견고하다. 폐가가 되었을 때 그것을 자세히 살필 수 있다. 이미 옛날에 지붕은 썩어서 무너져 내리고 문이나 창, 기둥도 없어졌는데 벽만은 의젓하게 남아 있다. 그런 예는 여행 중에 얼마든지 볼 수 있다.

전통적인 동양의 건물의 구조를 지탱하는 것은 기둥과 동량이며 벽은 그냥 그런 골격에 기대어 버티고 있을 정도이다. 동양식 매달린 벽은 세계 적으로 극히 소수로 한국 이외에 네팔이나 부탄 등에 존재하고 있을 뿐이 다.

유럽만이 아니라 아시아의 대부분 지역에서도 벽체가 건물의 중요한 지 주 노릇을 하고 있다. 중국, 인도, 서아시아, 북아프리카 등지를 여행하다 보면 벽만 남아 있는 폐가를 흔히 볼 수 있다. 동양의 건축에서는 벽을 드 러내버려도 기둥과 서까래만으로 까딱없이 서 있다. 다른 나라의 전통적인 건물에서는 벽을 드러낸다는 것은 건물 자체를 망가뜨리는 것이다. 목골 사이에 그처럼 벽돌 조각이 꽉 차 있다는 것은 그러한 건축 원리의 차이 때 문이다.

왜 반은 목재로 쓰는 것이 좋은가

이것으로 목재 골조 집을 영어로 패 하프 팀버드(half timbered)라고 하 는지를 이해할 수 있을 것이다. 벽돌만 가지고 3층, 4층 건물을 지으려면 벽돌 벽의 두께만 적어도 20센티미터 이상이 되어야 할 것이다.

그런데 목재를 짜 맞춰 상하를 같은 구조물로 만들고, 그 사이 사이를 벽 돌로 메운다면 벽의 두께는 20센티미터로 충분하다. 요컨대 하프 팀버드에 서는 나무를 반만 쓴다면 벽돌은 반 이하로 줄어든다. 게다가 벽돌만 가지 고 만드는 것보다는 강도도 큰데다 장식 효과까지 낼 수 있으므로 이 양식이 인기를 얻는 것도 당연한 것이다.

목재 골격 구조가 한창 유행하던 때는 대륙에서는 15세기부터, 영국에서는 16세기부터였다. 대륙에서도 영국에서도 오늘날까지 남아 있는 목재 골격으로 유명한 건축은 대개 16세기에 지어진 것이다. 영국에서는 엘리자베스 1세를 마지막으로 하는 튜더 왕조의 시대였으므로 이런 건축을 튜더 양식이라고 한다. 목재 골격 구조의 가옥은 18세기경까지 유럽 각 지방에 세워졌다.

인구어족

고고학과 역사 책에 잘 나타나는 인구어족(印歐語族)은 도대체 어떤 류의 어족인가?

영국의 식민지 관리가 발견

영국이 인도를 지배하고 있었던 18세기 후반의 일이었다. 존즈라는 영국인 관리는 인도인을 통치하기 위해서는 그들의 정신생활의 기초가 된 힌두교의 경전을 알아두는 것이 유익하다고 생각되어 산스크리트를 배우기 시작했다. 산스크리트는 약 3,000년 전부터 문어(文語)로 씌어온 언어로 인도에서는 지금도 바라문들에 의해 계승되고 있다. 동양에서는 예로부터 범어로 불렸다.

산스크리트를 배우기 시작한 존즈는 도저히 믿을 수 없는 사실을 깨달았다. 단어 문법에 유럽의 고전어나 현대어와 닮은 부분이 매우 많은 것을 발견한 것이다. 당시 유럽에서 언어학이 제일 앞서 있던 곳은 독일이었다. 이러한 사실을 안 독일의 언어학자들은 정밀한 학문적 연구를 하고 이를 인구어족이라고 이름붙였다. 어족이란 공통성을 지닌 일군의 언어라는 뜻이다.

근원적인 단어일수록 공통성이 크다

현재의 인구어족에서 공통성을 가진 것은 유럽 측에서는 게르만계뿐만

유럽에 빠지는 즐거운 유혹②

아니라 라틴계, 켈트계의 여러 언어에 이르고 있다. 다음의 표에서 알 수 있듯이 그 공통성, 유사성이 큰 점에 놀라울 뿐이다.

부모, 물, 수사 등 인간 생활의 근원에 관련된 것일수록 공통성이 크다. 인구어족 가운데서 이를테면 '양(羊)'이라는 단어단 고어형는 거의 모든 언어에 공통한 것이었다. 이것은 각 언어가 분화되기 전부터 이미 양을 가축으로 기르고 있었다는 것을 말한다. 그에 반해서 '소'라는 단어는 차이가 크다. 그것은 각 단어가 분화한 다음 저마다 흩어져서 소를 가축으로 기르기 시작했다는 뜻이다.

언어학자는 인구어족을 또 여러 갈래의 언어 군으로 분류한다. 인구어족이라는 말은 인구어를 말하는 민족이라는 뜻으로 쓰이는 경우도 있다. 이를테면 "히타이트인은 인구어족이었다."는 식으로.

아카란 부처님을 공양하는 물

불전의 번역을 통하여 우리나라에도 옛날부터 인구어의 단어가 들어 왔다. 아카가 그렇다. 아카란 고대 인도어로는 단순히 물이라는 의미였는데 불전을 번역한 중국의 스님이 부처님에게 공양하는 물에는 아카아쿠아라는

■ 인구어(印歐語)의 예

	어머니	3의 숫자
산스크리트어	mātā	trayas
고대 그리스어	mētēr	treis
라틴어	māter	tres
이탈리아어	madre	tre
스페인어	madre	tres
프랑스어	mére	trois
독일어	Mutter	drei
영어	mother	three

원음을 그대로 옮기고 그렇게 어려운 한자를 붙여 놓았던 것이다. 이 산스크리트에서 온 아카는 이탈리아에서는 아쿠아(acqua), 스페인에서는 아구아(Agua) 등으로 어원을 같이 한다.

이탈리아에서 목이 마르면 '아쿠아 프레스카 플레고찬 냉수를 부탁합니다'고 웨이터에게 부탁하는 말은 해외여행의 베테랑이라면 알아둬야 한다. 아카는 영어에도 굴러 들어갔다. 수족관(aquarium), 고대의 수도교 아쿼덕트(aqueduct) 등은 이 말과 관계가 있다.

마하불가사의

불교와 함께 동양에 들어온 인구어 가운데 유럽에서 사용하는 마하불가사의(摩訶不可思議)도 그 중의 하나다. 인도에서 마가 혹은 마하는 크다는 의미였는데 역시 불경을 번역하던 중국 스님이 단순히 대(大)라는 한자 하나를 그 대응어로 적어 놓으면 원래의 감이 나지 않는다고 생각했는지 원음의 모사인 마하(摩訶)라는 한자를 붙였다.

마하불가사의한 나라 인도에는 아직도 마하의 친척이 무척 많다. 마하라 자는 대왕이라는 의미이며 마하트마 간디의 마하트마는 경칭으로 위대한 스승이라는 뜻이다. 영어로 들어온 마하의 부류로 잘 알려진 것은 마그나 가르타대헌장, 마그니튜드지진의 크기, 마그니파이어현미경 등이 있다.

자연과 예술의 상징, 유랑민족 집시

나쁜 면만 강조되고 있지만 철저한 자연 애호생활을 예찬하는 민속학자도 있었다

집시란 대체로 어떤 민족인가

'유랑의 민족' 집시는 그 특이한 생활양식과 정열적인 음악성 때문에 예로부터 많은 명곡, 오페라, 소설의 소재로 쓰여 왔다.

지금도 유럽에서는 자동차나 마차를 거느리고 방랑생활을 계속하며 들판에 텐트를 친 집시를 흔히 본다. 여행에 얽힌 유럽의 점경(点景)으로서 어딘지 마음이 가는 존재이다.

지금은 집시 아이들이 혼자 나다니는 여성관광객을 노려 소매치기나 바람잡이를 하기 때문에 매우 평판이 나쁘다. 그러나 유럽 전체에는 약 150만 명의 집시가 있다고 추정되고 있다. 관광객에게 나쁜 짓을 하는 것은 그 중 극히 일부에 지나지 않다고 할 것이다. 집시는 대체 어떤 민족이며 어디에서 온 사람들일까?

옛날에는 전쟁 때 쓸모가 있었다

집시가 유럽에 처음 모습을 나타낸 것은 그렇게 오래된 옛날이 아닌 14세기 말경이었다. 현대적인 의미의 국경이 없었던 시대라서 말과 마차를

타고 민첩하게 이동하는 그들은 눈 깜짝할 사이에 유럽 전체에 퍼졌다.

1480년대에 스페인의 이사벨 여왕과 페르난도 왕이 무어인의 그라나다 왕국을 공략하려고 했을 때, 집시는 군마를 조달하고 적정의 정찰 역할을 떠맡아서 두 왕의 환심을 샀다.

그리고 1492년에 무어인의 최후의 거점인 그라나다를 함락시킨 후 이사벨 여왕은 집시의 공을 표창하여 그라나다의 새크라몬테의 언덕에 그들의 거주권을 인정해 주고 세습적인 면세특권을 주었다.

500년 뒤인 지금도 집시는 새크라몬테의 언덕에 횡혈식 주거지를 형성하고 이상한 플라멩고 춤을 보여주거나 손금을 보아 주며 관광객을 끌고 있다.

그라나다의 예는 역사상 유명한 얘기이지만 그 밖에도 유럽 각지의 군주는 군마 조달, 적정 정찰를 흔히 집시를 썼다. 어디서 오는 사람들인지 전혀 모르고 끊임없이 거처를 옮기는 집시는 별로 의심받지 않고 돌아다니며 적의 동정을 살피게 하기는 안성맞춤이었다.

또 집시들끼리는 강한 단결과 연락망이 있어서 자기가 직접 못 들어가는 곳의 정보도 저희들 패거리를 통하여 얻을 수가 있었다. 이것은 다름 아닌 이중 스파이 일도 자유롭다는 뜻이다.

말을 다루는 경이적인 명인들

말의 매매는 집시의 중요한 수입원이었다. 멀리는 우크라이나, 헝가리 등에서 가까이는 서유럽 각지의 싼 곳에서 말을 많이 사다가 비싸게 팔리는 곳으로 끌고 가서 팔았다. 군용, 귀족의 승마용, 승객이나 짐을 실어 나르는 수송용, 농경용 등 말의 수요는 무한이라고 할 만큼 컸던 것이다.

집시가 말을 귀여워하는 것은 물론 거친 말을 조련하고 말의 병이나 상처를 용케 고치는 솜씨에 있어서 유럽인들은 놀랄 지경이었다. 집시는 주인이 버린 사나운 말이나 병든 말을 싼 값에 사서 우량마로 길러 놓은 다음

비싸게 파는 일을 열심히 했다. 제법 값이 비싸고 수요가 많은 데다 제 발로 움직여 주는 말이라는 상품은 집시들에게는 더없이 다루기 좋은 상품이었던 것이다. 칭찬할 일은 아니지만 집시는 말도둑의 명인이기도 했다.

유랑민이 집시는 아니다

유럽에도 다분히 그렇지만 극동에서는 특히 집시는 유랑민으로 알려져 있다. 슈만의 명곡인 '유랑족'의 영향도 있다. 이 곡의 원제는 '집시의 생활'(Zigoinerleben)이다.

그러나 집시는 이동하는 집단 부족이긴 하나 유랑민은 아니라는 것이 민속학자들의 일치된 견해다. 그들은 모두 초라하긴 하지만 겨울을 일정한 곳에서 지낼 수 있는 집들을 가지고 있다. 유럽의 겨울은 추위가 심하고 비나 눈이 많아서 집시처럼 간단한 장비는 도저히 이동생활, 텐트 생활을 할 수가 없다. 봄이 되어 태양이 빛나기 시작하면 그들은 기다렸다는 듯이 차에 간단한 생활용구와 필요한 장사 밑천을 싣고 여러 필의 말을 거느린 여행길에 오르는 것이다. 한 집단이 서너 가족으로 이뤄진, 적은 인원의 여행이다.

그리고 각 그룹의 이동 코스는 어른들의 회의에 따라서 미리 빈틈없이 정해진다. 무계획하게 아무데나 제멋대로 떠돌아다니는 방랑생활은 아닌데 다음과 같은 생활 때문에 그런 소리를 들을 수밖에 없다.

정상적인 수입원을 가지고 있었다

집시라고 해도 말을 팔거나 가무를 통해 오락을 제공하는 노릇만으로 일년 생활을 지탱할 수는 없었다. 그런 임시 수입 이외에 그들은 정상적인 수입원이 있었다. 옛날의 집시는 대장장이, 땜장이, 목공, 통바구니 등을 만드는 기술을 습득하고 있었다. 매년 일정한 시기에 일정한 코스를 따라 마을을 찾아다니며 농구, 가구, 부엌용품의 수리와 말굽의 정을 박아주는 일

등을 했다.

전문적인 기능공이 없는 작은 마을에서는 이들의 일벌이가 마을 사람들에겐 매우 편리한 봉사였다. 그리고 한 그룹의 사람 수가 많아서도 안 되었으며, 집시들끼리의 코스를 미리 협정해 둘 필요가 있었다.

또 이동하는 도중에 린트 생활을 하고 나무통 바구니 · 솔 · 빗자루 · 목재그릇 등 간단한 생활용품을 만

■ **집시들의 생활 모습**
말과 마차는 그들의 필수품이다.

옛날 서민들의 식기라고 하면 나무 밥그릇과 숟가락뿐이었다

들어 팔기도 했다. 단출한 몇 가족만의 소집단이기 때문에 앞에 말한 가내공업을 하기에 좋았고 또 간간이 말을 사고파는 일도 했다. 아무튼 이 모두가 이동생활에 적합한 생업이었던 것이다.

근대 산업의 발달에 따라 생업을 잃다

근대에 들어와 이들 집시 특유의 생업은 하나하나 쓸모가 없어졌다. 일용품이나 농구도 싸고 좋은 제품이 공장에서 자꾸 생산되고 유통구조가 정비되면서 제아무리 형편없던 시골에 가 봐도 집시가 손으로 만든 물건은 거들떠보지 않게 되었다.

수리, 수선하는 일감도 줄어들고 마침내 종말을 고하지 않을 수 없었다. 철도와 자동차가 발달한 결과 말의 수요도 급격히 줄었다. 그 말 역시 근대적인 유통 기구

유럽에 빠지는 즐거운 유혹②

가 확립되어 집시가 비집고 들어갈 틈바구니가 없어진 것이다.

그래도 버릴 수 없는 여행하는 생활에 대한 향수

집시라고 해서 물만 마시고 살 수는 없다. 계집아이가 꽃팔이를 하고 손금 봐 주는 노릇을 해도 수입은 뻔하였다. 많은 집시 가족은 생활 때문에 별 수 없이 공장이나 건축현장에서 날품을 팔거나 농장의 계절노동자로 변하기 시작하였다. 이렇게 정착을 여지없이 강요당한 집시들이 늘어날 무렵 2차 세계대전이 일어났고, 소련과 동구 여러 나라에서는 집시의 이동생활이 불가능하게 되어 집단농장에 정착한 것이다. 유럽에서 제일 집시들이 많았던 곳은 발칸반도였으므로 집시의 주력은 이미 정착 생활을 하게 되었다고 볼 수 있다. 유고슬라비아나 서구제국의 집시는 물론 이제는 동구제국의 집시도 마음만 먹으면 이동생활을 할 수 있지만 옛날과는 사정이 달라졌다. 떠도는 집시 생활에서 어떤 수입을 기대할 수가 없었다. 자동차 기름값만 날리기 십상이었다.

그래도 집시들은 대자연 속을 자유로이 떠돌아다니는 그 기쁨을 도저히 잊을 수가 없어서 가을부터 겨울까지는 어디서든 일하여 돈을 조금 모아두었다가 봄만 되면 훌쩍 긴 여행을 떠나는 경우가 많다고 한다. 그러나 지금 유럽의 노동 사정은 좋지 않아서 집시가 희망하는 계절적인 취로의 기회는 점점 더 줄어들고 있다.

음악과 무용에 독특한 재능을 발휘

음악 얘기를 빼고는 집시를 말할 수 없다. 그들은 정열적인 천부의 음악가, 무용수이며, 이동 생활에 적합한 팀발, 바이올린, 아코디언, 기타, 탬버린, 캐스터네츠 등을 절묘하게 연주한다. 팀발은 집시 음악에는 뺄 수 없는 것으로 현이 많고 음폭이 넓은 악기다. 그리고 바이올린도 집시의 손에 들어가면 저들 특유의 정열적인 양상을 띠게 된다. 집시의 생활상에 어울리도록 그들의 악상은 분방하여 자유롭고 즉흥적인 요소가 짙으며 분위기가 고조되면 템포가 더욱 빨라진다. 집시의 음악과 무용은 헝가리나 스페인의 민족음악에 지대한 영향을 끼쳤다.

리스트의 헝가리 광시곡, 사라사테의 지고이네르바이젠 등에서는 집시 풍의 악상이 화려하게 전개된다. 베를린이나 빈, 헝가리 각지에는 집시 음악 전문의 술집, 레스토랑이었다.

이처럼 가무곡에 관해서 특수한 재능을 가지고 있던 집시는 옛날에는 왕후, 귀족들의 축하연에 고용되어 유흥을 제공하거나 각지에서 정기적으로 서는 시장에서 기량을 발휘하여 돈을 벌었다. 동물 사육에도 능숙하여 곰을 길들여서 재주를 보여 주기도 했다. 그러나 연주든 재주를 부리는 솜씨든 유럽인들 사이에는 많은 경쟁상대가 있었다. 집시를 눈엣가시처럼 여기는 사람들한테 배척당하다보니 영속적인 직업은 되지 못했다.

훔친다는 관념이 없는 것이 화근이 되다

집시는 보통 유럽인으로부터 늘 백안시당했다. 어느 정도 상호의존 관계에 있었던 시골에서는 그렇게 심하지 않았지만 물건을 만들거나 수리하는 집시들의 손재간에 의존할 필요가 전혀 없었던 도시에서는 집시는 사람 취급을 받지 못했다.

우선 그들은 검은 머리, 갈색 피부, 그들 특유의 날카로운 눈빛, 이상한 옷차림과 생활 풍속 때문에 정체불명의 동양인으로 경멸당했다.

지금도 변하지 않은 것이지만 집시는 남의 물건을 슬쩍 가져다가 제 것처럼 쓰는 일을 죄악이라고 여기지 않는다. 이 '슬쩍' 이라는 것이 중요한데 그들의 율법에 따르자면 강탈하거나 걸어 잠근 문을 부수고 들어가 훔치는 것은 안 된다. 물론 어린 집시들이 관광객의 가방이나 주머니 속을 슬쩍하는 것도 집시의 율법에 어긋나는 것이 된다.

집시들의 논리나 율법은 어떻든지간에 유럽인들에게는 바로 도둑질이다. 문을 걸어 잠그지 않은 곳에 있던 말을 슬쩍 가져가거나 밭곡식 과수원에서 가꾼 것 등을 이것저것 가리지 않고 슬쩍 가져간다면 당하는 사람은 견딜 수 없었을 것이다. 집시는 '약삭빠른 도둑놈', '뿌리가 썩은 악인' 이라는 낙인이 찍혔다. 훔친 것을 도로 뺏기 위해서 혹은 도둑질을 경계하기 위해서 마을 사람들과 관리들이 무기를 들고 집시를 토벌하는 일도 빈번했다. 그래도 그들은 아무렇지 않은 얼굴로 사건의 열기가 가라앉을 때를 기다렸다가 다시 나타나는 것이다. 집시들은 철저하게 자기들끼리 생활하며 일반 유럽인과는 절대로 동화하지 않았으므로 이런 문화의 갭은 결국 메울 수가 없었다.

이 불가사의한 민족은 어디서 왔는지 전해져 내려오는 말이 없어서 모든 것이 수수께끼에 싸여 있었는데, 1863년 우연히 이 수수께끼가 풀리는 계기가 왔다.

암스테르담에 유학하고 있던 헝가리 학생이 친해진 두 인도인 학생과 주고받는 말에서 어쩐지 고향에서 듣던 집시말과 많이 닮았다고 깨달은 것이다. 그는 기본적인 단어를 1,000개쯤 받아 적어서 고향에 돌아가 집시에게 읽어 주었더니 그들은 그 대부분을 정확히 이해할 수 있었나. 이것이 단서가 되어 여러 학자가 조사한 결과 집시의 원 고향은 중북부 인도라는 것이 거의 확실해졌다. 그들은 11세기경부터 이동을 시작하여 약 300년이 걸려서 발칸 반도에 들어온 것으로 추정된다.

집시는 자신을 가리켜 자랑스럽게 롬(Rom, 복수형은 Rome)이라고 한다. 사람이라는 뜻이다. 집시를 가리키는 말은 각국 나라 말에 따라 다르지만 영어의 집시(Gypsy)는 이집트인을 의미하는 이집션(Esyption)의 와전이라고 한다. 영국에서는 집시를 이집트에서 왔다고 생각한다.